Muhteşem Çin Mutfağı
Geleneksel Lezzetlerin Sırları

Eren Yılmaz

Özet

Tatlı ve ekşi sazan

4 kişi için

1 büyük sazan veya benzeri balık

300 g / 11 oz / ¬œ bardak mısır unu (mısır nişastası)

250 ml / 8 fl oz / 1 su bardağı bitkisel yağ

30 ml / 2 yemek kaşığı soya sosu

5 ml / 1 çay kaşığı tuz

150 g / 5 oz / yığın bardak şeker ¬Ω

75 ml / 5 yemek kaşığı şarap sirkesi

15 ml / 1 yemek kaşığı pirinç şarabı veya sek şeri

3 adet taze soğan (yeşil soğan), ince doğranmış

1 dilim zencefil kökü, ince doğranmış

250 ml / 8 fl oz / 1 su bardağı kaynar su

Balıkları temizleyip pullarını çıkarın ve birkaç saat soğuk suya batırın. Drenaj yapın ve kurulayın, ardından her iki tarafa da birkaç kez çizik atın. 30ml/2 yemek kaşığı mısır ununu ayırın, ardından sert bir hamur elde etmek için yavaş yavaş kalan mısır ununa yeterli miktarda suyu karıştırın. Balıkları hamurla kaplayın. Yağı çok sıcak olana kadar ısıtın ve balığın dışı çıtır çıtır olana kadar kızartın, ardından ısıyı azaltın ve balıklar yumuşayana kadar kızartmaya devam edin. Bu arada kalan mısır ununu, soya sosunu, tuzu, şekeri, şarap sirkesini karıştırın,

şarap veya şeri, taze soğan ve zencefil. Balıklar pişince sıcak servis tabağına alın. Sos karışımını ve suyu yağa ekleyin ve sos koyulaşıncaya kadar iyice karıştırarak kaynatın. Balıkların üzerine dökün ve hemen servis yapın.

Tofu ile sazan

4 kişi için

1 sazan

60 ml / 4 yemek kaşığı fıstık yağı

225 gr doğranmış tofu

2 adet taze soğan (yeşil soğan), ince doğranmış

1 diş sarımsak, ince doğranmış

2 dilim zencefil kökü, ince doğranmış

15 ml / 1 yemek kaşığı biber sosu

30 ml / 2 yemek kaşığı soya sosu

500 ml / 16 fl oz / 2 su bardağı et suyu

30 ml / 2 yemek kaşığı pirinç şarabı veya sek şeri

15 ml / 1 yemek kaşığı mısır unu (mısır nişastası)

30 ml / 2 yemek kaşığı su

Balıkları kesin, boyutlandırın ve temizleyin ve her iki tarafa çapraz olarak 3 çizgi çizin. Yağı ısıtın ve tofuyu altın rengi kahverengi olana kadar yavaşça kızartın. Tavadan alıp iyice süzün. Balıkları tavaya ekleyin ve altın rengi kahverengi olana kadar kızartın, ardından tavadan çıkarın. 15 ml/1 yemek kaşığı yağ hariç hepsini dökün, ardından taze soğanı, sarımsağı ve zencefili 30 saniye soteleyin. Biber sosunu, soya sosunu, et suyunu ve şarabı ekleyip kaynatın. Balıkları dikkatlice tavaya ekleyin.

tofu ve balık pişene ve sos azalıncaya kadar yaklaşık 10 dakika boyunca kapağı açık olarak pişirin. Balıkları sıcak bir servis tabağına aktarın ve üzerine tofuyu dökün. Mısır unu ve suyu bir macun haline getirin, sosa ekleyin ve sos hafifçe koyulaşana kadar karıştırarak pişirin. Balığın üzerine bir kaşık koyun ve hemen servis yapın.

Bademli Balık Böreği

4 kişi için

100 g / 4 oz / 1 su bardağı badem

450 gr morina filetosu

4 dilim füme jambon

1 taze soğan (yeşil soğan), doğranmış

1 dilim zencefil kökü, doğranmış

5 ml / 1 çay kaşığı mısır unu (mısır nişastası)

5 ml / 1 çay kaşığı şeker

2,5 ml / ¬Ω çay kaşığı tuz

15 ml / 1 yemek kaşığı soya sosu

15 ml / 1 yemek kaşığı pirinç şarabı veya sek şeri

1 yumurta, hafifçe çırpılmış

kızartma yağı

1 limon, dilimler halinde kesilmiş

Bademleri kaynar suda 5 dakika haşlayıp süzün ve doğrayın. Balıkları 9cm / 3¬Ω kareler halinde, jambonu ise 5cm / 2cm kareler halinde kesin.Taze soğan, zencefil, mısır unu, şeker, tuz, soya sosu, şarap veya şeri ve yumurtayı karıştırın. Balıkları karışıma batırın ve çalışma yüzeyine yerleştirin. Üzerine badem serpin ve üzerine bir dilim jambon koyun. Balıkları yuvarlayın ve bağlayın

şefle birlikte ,Yağı ısıtın ve balık rulolarını altın rengi kahverengi olana kadar birkaç dakika kızartın. Emici kağıt üzerine boşaltın ve limonla servis yapın.

Bambu Filizli Morina

4 kişi için

4 kurutulmuş Çin mantarı

900 gr morina filetosu, doğranmış

30 ml / 2 yemek kaşığı mısır unu (mısır nişastası)

kızartma yağı

30 ml / 2 yemek kaşığı fıstık yağı

1 adet taze soğan (yeşil soğan), dilimlenmiş

1 dilim zencefil kökü, doğranmış

tuz

100 g / 4 ons bambu filizleri, dilimlenmiş

120 ml / 4 fl oz / ¬Ω bardak balık suyu

15 ml / 1 yemek kaşığı soya sosu

45 ml / 3 yemek kaşığı su

Mantarları ılık suda 30 dakika bekletin, sonra süzün. Saplarını çıkarın ve kapaklarını dilimleyin. Balıkların yarısını serpin

Mısır unu. Yağı ısıtın ve balıkları altın rengi kahverengi olana kadar kızartın. Emici kağıt üzerine boşaltın ve sıcak tutun.

Bu arada yağı ısıtın ve taze soğanı, zencefili ve tuzu hafifçe kızarana kadar kızartın. Bambu filizlerini ekleyin ve 3 dakika karıştırarak kızartın. Et suyunu ve soya sosunu ekleyin, kaynatın ve 3 dakika pişirin. Kalan mısır ununu suyla macun kıvamına getirin, tavaya alın ve sos koyulaşıncaya kadar karıştırarak pişirin. Balıkların üzerine dökün ve hemen servis yapın.

Fasulye filizli balık

4 kişi için

450 g / 1 lb fasulye filizi

45 ml / 3 yemek kaşığı fıstık yağı

5 ml / 1 çay kaşığı tuz

3 dilim zencefil kökü, doğranmış

450 gr balık filetosu, dilimlenmiş

4 adet taze soğan (yeşil soğan), dilimlenmiş

15 ml / 1 yemek kaşığı soya sosu

60 ml / 4 yemek kaşığı balık suyu

10 ml / 2 çay kaşığı mısır unu (mısır nişastası)

15 ml / 1 yemek kaşığı su

Fasulye filizlerini kaynar suda 4 dakika haşlayıp iyice süzün. Yağın yarısını ısıtın ve tuzu ve zencefili 1 dakika kızartın. Balıkları ekleyin ve hafifçe kızarana kadar kızartın, ardından tavadan çıkarın. Kalan yağı ısıtın ve taze soğanları 1 dakika kızartın. Soya sosunu ve et suyunu ekleyip kaynatın. Balıkları tekrar tavaya alın, kapağını kapatın ve balıklar pişene kadar 2 dakika pişirin. Mısır unu ve suyu macun kıvamına gelinceye kadar karıştırın, tavaya alın ve sos hafifleşip koyulaşıncaya kadar karıştırarak pişirin.

Kahverengi soslu balık filetosu

4 kişi için

450 gr morina filetosu, kalın dilimlenmiş

30 ml / 2 yemek kaşığı pirinç şarabı veya sek şeri

30 ml / 2 yemek kaşığı soya sosu

3 adet taze soğan (yeşil soğan), ince doğranmış

1 dilim zencefil kökü, ince doğranmış

5 ml / 1 çay kaşığı tuz

5 ml / 1 çay kaşığı susam yağı

30 ml / 2 yemek kaşığı mısır unu (mısır nişastası)

3 çırpılmış yumurta

90 ml / 6 yemek kaşığı fıstık yağı

90 ml / 6 yemek kaşığı balık suyu

Balık filetolarını bir kaseye koyun. Şarap veya şeri, soya sosu, taze soğan, zencefil, tuz ve susam yağını karıştırın, balığın üzerine dökün, üzerini örtün ve 30 dakika marine etmeye bırakın. Balıkları marinattan çıkarın ve mısır nişastasıyla tatlandırın, ardından çırpılmış yumurtaya batırın. Yağı ısıtın ve balığın dışı altın rengi kahverengi olana kadar kızartın. Yağı dökün ve et suyunu ve kalan turşuyu ekleyin. Kaynatın ve balıklar pişene kadar yaklaşık 5 dakika pişirin.

Çin Balık Kekleri

4 kişi için

450 g / 1 lb doğranmış (öğütülmüş) morina

2 adet taze soğan (yeşil soğan), ince doğranmış

1 diş sarımsak, ezilmiş

5 ml / 1 çay kaşığı tuz

5 ml / 1 çay kaşığı şeker

5 ml / 1 çay kaşığı soya sosu

45 ml / 3 yemek kaşığı bitkisel yağ

15 ml / 1 yemek kaşığı mısır unu (mısır nişastası)

Morina balığı, taze soğan, sarımsak, tuz, şeker, soya sosu ve 10ml / 2 çay kaşığı yağı karıştırın. Karışım yumuşak ve elastik hale gelinceye kadar ara sıra biraz mısır unu serperek iyice yoğurun. 4 balık köftesi oluşturun. Yağı ısıtın ve balık köftelerini altın rengi kahverengi olana kadar yaklaşık 10 dakika kızartın, pişerken bastırın. Sıcak veya soğuk servis yapın.

Çıtır Kızarmış Balık

4 kişi için

450 gr balık filetosu, şeritler halinde kesilmiş
30 ml / 2 yemek kaşığı pirinç şarabı veya sek şeri
tuz ve taze çekilmiş karabiber
45 ml / 3 yemek kaşığı mısır unu (mısır nişastası)
1 yumurta beyazı, hafifçe çırpılmış
kızartma yağı

Balıkları şarap veya şeri içine koyun ve tuz ve karabiberle tatlandırın. Mısır unu ile hafifçe tozlayın. Kalan mısır ununu yumurta beyazına katılaşana kadar çırpın, ardından balıkları bu karışıma batırın. Yağı ısıtın ve balık şeritlerini altın rengi kahverengi olana kadar birkaç dakika kızartın.

Kızarmış Morina

4 kişi için

900 gr morina filetosu, doğranmış

tuz ve taze çekilmiş karabiber

2 çırpılmış yumurta

100 g / 4 oz / 1 su bardağı sade un (çok amaçlı)

kızartma yağı

1 limon, dilimler halinde kesilmiş

Morinaya tuz ve karabiber serpin. Yumurtaları ve unu bir hamur oluşana kadar çırpın ve tuzla tatlandırın. Balıkları hamura batırın. Yağı ısıtın ve balıkları altın rengi kahverengi olana ve tamamen pişene kadar birkaç dakika kızartın. Emici kağıt üzerine boşaltın ve limon dilimleri ile servis yapın.

Beş baharatlı balık

4 kişi için

4 morina filetosu

5 ml / 1 çay kaşığı beş baharat tozu

5 ml / 1 çay kaşığı tuz

30 ml / 2 yemek kaşığı fıstık yağı

2 diş sarımsak, ezilmiş

2,5 ml / 1 inç zencefil kökü, doğranmış

30 ml / 2 yemek kaşığı pirinç şarabı veya sek şeri

15 ml / 1 yemek kaşığı soya sosu

birkaç damla susam yağı

Balıkları beş baharat tozu ve tuzla ovalayın. Yağı ısıtın ve balıkları her iki tarafı da hafifçe kızarana kadar kızartın. Ocaktan alıp kalan malzemeleri ekleyin. Yeniden ısıtın, karıştırın, ardından balığı tekrar tavaya koyun ve servis yapmadan önce hafifçe yeniden ısıtın.

Kokulu balık çubukları

4 kişi için

30 ml / 2 yemek kaşığı pirinç şarabı veya sek şeri

1 taze soğan (yeşil soğan), ince doğranmış

2 çırpılmış yumurta

10 ml / 2 çay kaşığı köri tozu

5 ml / 1 çay kaşığı tuz

450 gr beyaz balık filetosu, şeritler halinde kesilmiş

100 gr ekmek kırıntısı

kızartma yağı

Şarap veya şeri, taze soğan, yumurta, köri tozu ve tuzu karıştırın. Balıkları, parçalar eşit şekilde kaplanacak şekilde karışıma batırın, ardından ekmek kırıntılarına bastırın. Yağı ısıtın ve balıkları gevrek ve altın rengi olana kadar birkaç dakika kızartın. İyice süzün ve hemen servis yapın.

4 kişi için

4 adet beyaz balık filetosu

75 gr küçük kornişon

2 adet taze soğan (soğan)

2 dilim zencefil kökü

30 ml / 2 yemek kaşığı su

5 ml / 1 çay kaşığı yer fıstığı yağı

2,5 ml / ¬Ω çay kaşığı tuz

2,5 ml / ¬Ω çay kaşığı pirinç şarabı veya sek şeri

Balıkları ısıya dayanıklı bir tabağa yerleştirin ve kalan malzemeleri serpin. Buharlı pişiricideki bir rafa yerleştirin, üzerini örtün ve balıklar yumuşayana kadar yaklaşık 15 dakika kaynar su üzerinde buharda pişirin. Sıcak bir servis tabağına alıp, zencefil ve taze soğanları atıp servis yapın.

Baharatlı Zencefilli Morina

4 kişi için

225 gr domates püresi √ © e (makarna)

30 ml / 2 yemek kaşığı pirinç şarabı veya sek şeri

15 ml / 1 yemek kaşığı rendelenmiş zencefil kökü

15 ml / 1 yemek kaşığı biber sosu

15 ml / 1 yemek kaşığı su

15 ml / 1 yemek kaşığı soya sosu

10 ml / 2 çay kaşığı şeker

3 diş sarımsak, ezilmiş

100 g / 4 oz / 1 su bardağı sade un (çok amaçlı)

75 ml / 5 yemek kaşığı mısır unu (mısır nişastası)

175 ml / 6 fl oz / ¬œ bardak su

1 yumurta beyazı

2,5 ml / ¬Ω çay kaşığı tuz

kızartma yağı

450g / 1lb morina filetosu, soyulmuş ve doğranmış

Sosu hazırlamak için domates püresi, şarap veya şeri, zencefil, kırmızı biber sosu, su, soya sosu, şeker ve sarımsağı karıştırın. Kaynamaya bırakın ve karıştırarak 4 dakika pişirin.

Un, mısır nişastası, su, yumurta akı ve tuzu pürüzsüz hale gelinceye kadar çırpın. Yağı ısıt. Balık parçalarını hamura batırın ve pişip altın rengi oluncaya kadar yaklaşık 5 dakika kızartın. Emici kağıt üzerine boşaltın. Tüm yağı boşaltın ve balıkları ve sosu tekrar tavaya alın. Balık tamamen sosla kaplanana kadar yaklaşık 3 dakika hafifçe ısıtın.

4 kişi için

675 g morina filetosu, şeritler halinde kesilmiş

30 ml / 2 yemek kaşığı mısır unu (mısır nişastası)

60 ml / 4 yemek kaşığı fıstık yağı

1 taze soğan (yeşil soğan), doğranmış

2 diş sarımsak, ezilmiş

1 dilim zencefil kökü, doğranmış

100 gr mantar, dilimlenmiş

50 g / 2 ons bambu filizleri, şeritler halinde kesilmiş

120 ml / 4 fl oz / ¬Ω bardak soya sosu

30 ml / 2 yemek kaşığı pirinç şarabı veya sek şeri

15 ml / 1 yemek kaşığı esmer şeker

5 ml / 1 çay kaşığı tuz

250 ml / 8 fl oz / 1 su bardağı tavuk suyu

Balıkları hafifçe kaplanıncaya kadar mısır ununa bulayın. Yağı ısıtın ve balıkları her iki tarafı da altın rengi kahverengi olana kadar kızartın. Tavadan çıkarın. Taze soğanı, sarımsağı ve zencefili ekleyip hafifçe kızarana kadar karıştırarak kavurun. Mantarları ve bambu filizlerini ekleyin ve 2 dakika karıştırarak kızartın. Diğer malzemeleri ekleyip kıvama getirin

karıştırarak kaynatın. Balıkları tavaya geri koyun, kapağını
kapatın ve 20 dakika pişirin.

4 kişi için

450 gr balık filetosu

2 adet taze soğan (yeşil soğan), doğranmış

30 ml / 2 yemek kaşığı soya sosu

15 ml / 1 yemek kaşığı pirinç şarabı veya sek şeri

2,5 ml / ¬Ω çay kaşığı tuz

2 yumurta, hafifçe dövülmüş

15 ml / 1 yemek kaşığı mısır unu (mısır nişastası)

45 ml / 3 yemek kaşığı fıstık yağı

225 g meyve suyunda konserve ananas parçaları

Balıkları damarlara karşı 2,5 cm'lik şeritler / 1 halinde kesin ve bir kaseye koyun. Taze soğanı, soya sosunu, şarabı veya şeri ve tuzu ekleyip iyice karıştırın ve 30 dakika dinlenmeye bırakın. Balıkları süzün, turşuyu atın. Yumurtaları ve mısır ununu bir hamur haline getirin ve balıkları kaplamak için hamurun içine daldırın, fazlalığı boşaltın. Yağı ısıtın ve balıkları her iki tarafı da hafifçe kızarana kadar kızartın. Isıyı düşürün ve yumuşayana kadar pişirmeye devam edin. Bu arada, 60ml / 4 yemek kaşığı ananas suyunu kalan hamur ve ananas parçalarıyla karıştırın.

Düşük ateşte bir tavaya koyun ve sürekli karıştırarak, iyice ısınana kadar pişirin. Dosyayı düzenleyin

31

Balıkları ısıtılmış servis tabağında pişirip üzerine sosu dökerek servis yapın.

4 kişi için

450 gr balık filetosu

100 gr pişmiş domuz eti, doğranmış (öğütülmüş)

30 ml / 2 yemek kaşığı pirinç şarabı veya sek şeri

15 ml / 1 yemek kaşığı şeker

kızartma yağı

120 ml / 4 fl oz / ¬Ω bardak balık suyu

3 taze soğan (yeşil soğan), doğranmış

1 dilim zencefil kökü, doğranmış

15 ml / 1 yemek kaşığı soya sosu

15 ml / 1 yemek kaşığı mısır unu (mısır nişastası)

45 ml / 3 yemek kaşığı su

Balıkları 9cm / 3¬Ω kareler halinde kesin. Domuz etini şarap veya şeri ve şekerin yarısı ile karıştırın, balık karelerinin üzerine yayın, yuvarlayın ve iple sabitleyin. Yağı ısıtın ve balıkları altın rengi kahverengi olana kadar kızartın. Emici kağıt üzerine boşaltın. Bu arada suyu ısıtın ve taze soğanı, zencefili, soya sosunu ve kalan şekeri ekleyin. Kaynatın ve 4 dakika pişirin. Mısır unu ve suyu macun kıvamına gelinceye kadar tencereye alıp karıştırarak pişirin, sos hafifleşip koyulaşana kadar karıştırın. Balıkların üzerine dökün ve hemen servis yapın.

Pirinç şarabında balık

4 kişi için

400 ml / 14 fl oz / 1¬æ bardak pirinç şarabı veya sek şeri

120 ml / 4 fl oz / ¬Ω bardak su

30 ml / 2 yemek kaşığı soya sosu

5 ml / 1 çay kaşığı şeker

tuz ve taze çekilmiş karabiber

10 ml / 2 çay kaşığı mısır unu (mısır nişastası)

15 ml / 1 yemek kaşığı su

450 gr morina filetosu

5 ml / 1 çay kaşığı susam yağı

2 adet taze soğan (yeşil soğan), doğranmış

Şarabı, suyu, soya sosunu, şekeri, tuzu ve karabiberi kaynatın ve yarı yarıya azalıncaya kadar kaynatın. Mısır ununu suyla macun kıvamına getirin, tavaya alın ve karıştırarak 2 dakika pişirin. Balıkları tuzlayın ve üzerine susam yağı serpin. Tavaya ekleyin ve pişene kadar yaklaşık 8 dakika pişirin. Üzerine taze soğan serperek servis yapın.

Hızlı kızarmış balık

4 kişi için

450 gr morina filetosu, şeritler halinde kesilmiş

tuz

soya sosu

kızartma yağı

Balığa tuz ve soya sosu serpin ve 10 dakika bekletin. Yağı ısıtın ve balıkları hafifçe kızarıncaya kadar birkaç dakika kızartın. Servis yapmadan önce emici kağıt üzerine boşaltın ve üzerine bolca soya sosu serpin.

Susam tohumu balığı

4 kişi için

450 gr balık filetosu, şeritler halinde kesilmiş

1 soğan, doğranmış

2 dilim zencefil kökü, doğranmış

120 ml / 4 fl oz / ½ bardak pirinç şarabı veya sek şeri

10 ml / 2 çay kaşığı esmer şeker

2,5 ml / ½ çay kaşığı tuz

1 yumurta, hafifçe çırpılmış

15 ml / 1 yemek kaşığı mısır unu (mısır nişastası)

45 ml / 3 yemek kaşığı sade un (çok amaçlı)

60 ml / 6 yemek kaşığı susam

kızartma yağı

Balıkları bir kaseye koyun. Soğanı, zencefili, şarabı veya şeri, şekeri ve tuzu karıştırın, balığa ekleyin ve ara sıra karıştırarak 30 dakika marine etmeye bırakın. Bir hamur oluşturmak için yumurtayı, mısır nişastasını ve unu çırpın. Balıkları bulamaca batırın ve ardından susamın içine yerleştirin. Yağı ısıtın ve balık şeritlerini altın rengi ve çıtır olana kadar yaklaşık 1 dakika kızartın.

Buğulanmış Balık Topları

4 kişi için

450 g / 1 lb doğranmış (öğütülmüş) morina

1 yumurta, hafifçe çırpılmış

1 dilim zencefil kökü, doğranmış

2,5 ml / ¬Ω çay kaşığı tuz

bir tutam taze çekilmiş biber

15 ml / 1 yemek kaşığı mısır unu (mısır nişastası) 15 ml / 1 yemek

kaşığı pirinç şarabı veya sek şeri

Tüm malzemeleri iyice karıştırıp ceviz büyüklüğünde toplar yapın. Gerekirse biraz un serpin. Bunları sığ bir pişirme kabına dizin.

Yemeği buharlı pişiricideki bir rafa yerleştirin, üzerini örtün ve pişene kadar yaklaşık 10 dakika kaynayan suyun üzerinde buharda pişirin.

Marine edilmiş tatlı ve ekşi balık

4 kişi için

450 gr balık filetosu, parçalar halinde kesilmiş

1 soğan, doğranmış

3 dilim zencefil kökü, doğranmış

5 ml / 1 çay kaşığı soya sosu

tuz ve taze çekilmiş karabiber

30 ml / 2 yemek kaşığı mısır unu (mısır nişastası)

kızartma yağı

Tatlı ve ekşi sos

Balıkları bir kaseye koyun. Soğanı, zencefili, soya sosunu, tuzu ve karabiberi karıştırıp balığa ekleyin, üzerini örtün ve ara sıra karıştırarak 1 saat dinlenmeye bırakın. Balıkları marinattan çıkarın ve üzerine mısır nişastası serpin. Yağı ısıtın ve balıkları gevrek ve altın rengi olana kadar kızartın. Emici kağıda boşaltın ve sıcak bir servis tabağına dizin. Bu arada sosu hazırlayıp balığın üzerine dökerek servis yapın.

Sirke soslu balık

4 kişi için

450 gr balık filetosu, şeritler halinde kesilmiş

tuz ve taze çekilmiş karabiber

1 yumurta beyazı, hafifçe çırpılmış

45 ml / 3 yemek kaşığı mısır unu (mısır nişastası)

15 ml / 1 yemek kaşığı pirinç şarabı veya sek şeri

kızartma yağı

250 ml / 8 fl oz / 1 su bardağı balık suyu

15 ml / 1 yemek kaşığı esmer şeker

15 ml / 1 yemek kaşığı şarap sirkesi

2 dilim zencefil kökü, doğranmış

2 adet taze soğan (yeşil soğan), doğranmış

Balıkları biraz tuz ve karabiberle tatlandırın. Yumurta beyazını 30 ml / 2 yemek kaşığı mısır unu ve şarap veya şeri ile çırpın. Balıkları kaplanana kadar meyilli olarak atın. Yağı ısıtın ve balıkları altın rengi kahverengi olana kadar birkaç dakika kızartın. Emici kağıt üzerine boşaltın.

Bu arada et suyu, şeker ve şarap sirkesini kaynatın. Zencefil ve taze soğanı ekleyip 3 dakika pişirin. Geriye kalan mısır ununu biraz su ile macun haline getirin, karıştırın.

Tavaya alıp sos hafifleşip koyulaşana kadar karıştırarak pişirin. Servis yapmak için balığın üzerine dökün.

Kızarmış Yılan Balığı

4 kişi için

450 g / 1 lb yılan balığı

250 ml / 8 fl oz / 1 su bardağı fıstık yağı

30 ml / 2 yemek kaşığı koyu soya sosu

30 ml / 2 yemek kaşığı pirinç şarabı veya sek şeri

15 ml / 1 yemek kaşığı esmer şeker

bir tutam susam yağı

Yılan balığını soyun ve parçalara ayırın. Yağı ısıtın ve yılan balığını altın rengi kahverengi olana kadar kızartın. Tavadan çıkarın ve boşaltın. 30 ml/2 yemek kaşığı yağ hariç hepsini dökün. Yağı ısıtın ve soya sosu, şarap veya şeri ve şekeri ekleyin. Isıttıktan sonra yılan balığını ekleyin ve yılan balığı iyice kaplanana ve sıvının neredeyse tamamı buharlaşana kadar karıştırarak kızartın. Susam yağı serpip servis yapın.

Kuru Pişmiş Yılan Balığı

4 kişi için

5 adet kurutulmuş Çin mantarı

3 adet taze soğan (soğan)

30 ml / 2 yemek kaşığı fıstık yağı

20 diş sarımsak

6 dilim zencefil kökü

10 adet su kestanesi

900 g / 2 lb yılan balığı

30 ml / 2 yemek kaşığı soya sosu

15 ml / 1 yemek kaşığı esmer şeker

15 ml / 1 yemek kaşığı pirinç şarabı veya sek şeri

450 ml / ¬æ pt / 2 su bardağı su

15 ml / 1 yemek kaşığı mısır unu (mısır nişastası)

45 ml / 3 yemek kaşığı su

5 ml / 1 çay kaşığı susam yağı

Mantarları ılık suda 30 dakika bekletin, ardından süzün ve saplarını atın. 1 adet taze soğanı parçalara ayırıp diğerini doğrayın. Yağı ısıtın ve mantarları, taze soğan parçalarını, sarımsağı, zencefili ve kestaneleri 30 saniye kızartın. Yılan balıklarını ekleyin ve 1 dakika karıştırarak kızartın. Soya sosu, şeker, şarap veya

Şeri ve suyu kaynatın, üzerini örtün ve 1-Ω saat pişirin, gerekirse pişirme sırasında biraz su ekleyin. Mısır unu ve suyu bir macun haline getirin, tavaya alın ve sos koyulaşıncaya kadar karıştırarak pişirin. Üzerine susam yağı ve doğranmış taze soğan serperek servis yapın.

4 kişi için

350 gr yılan balığı

6 sap kereviz

30 ml / 2 yemek kaşığı fıstık yağı

2 adet taze soğan (yeşil soğan), doğranmış

1 dilim zencefil kökü, doğranmış

30 ml / 2 yemek kaşığı su

5 ml / 1 çay kaşığı şeker

5 ml / 1 çay kaşığı pirinç şarabı veya sek şeri

5 ml / 1 çay kaşığı soya sosu

taze kara biber

30 ml / 2 yemek kaşığı kıyılmış taze maydanoz

Yılan balığını soyun ve şeritler halinde kesin. Kerevizi şeritler halinde kesin. Yağı ısıtın ve taze soğanı ve zencefili 30 saniye kızartın. Yılan balığını ekleyin ve 30 saniye karıştırarak kızartın. Kerevizi ekleyin ve 30 saniye karıştırarak kızartın. Suyun, şekerin, şarabın veya şeri, soya sosu ve karabiberin yarısını ekleyin. Kaynamaya bırakın ve kerevizler yumuşayana, ancak hala gevrek olana ve sıvısı azalana kadar birkaç dakika pişirin. Maydanoz serperek servis yapın.

Mezgit Dolması Biber

4 kişi için

225 gr mezgit balığı filetosu, doğranmış (öğütülmüş)

100 gr soyulmuş karides, doğranmış (öğütülmüş)

1 taze soğan (yeşil soğan), doğranmış

2,5 ml / ¬Ω çay kaşığı tuz

Biber

4 yeşil biber

45 ml / 3 yemek kaşığı fıstık yağı

120 ml / 4 fl oz / ¬Ω bardak tavuk suyu

10 ml / 2 çay kaşığı mısır unu (mısır nişastası)

5 ml / 1 çay kaşığı soya sosu

Mezgit balığı, karides, taze soğan, tuz ve karabiberi karıştırın. Biberlerin saplarını kesip ortasını çıkarın. Biberlerin içini deniz ürünleri karışımıyla doldurun. Yağı ısıtın ve biberleri ve et suyunu ekleyin. Kaynatın, örtün ve 15 dakika pişirin. Biberleri sıcak bir servis tabağına aktarın. Mısır ununu, soya sosunu ve biraz suyu karıştırıp tavaya alın. Kaynatın ve sos hafifleşip koyulaşana kadar karıştırarak pişirin.

Siyah fasulye soslu mezgit balığı

4 kişi için

15 ml / 1 yemek kaşığı yer fıstığı yağı

2 diş sarımsak, ezilmiş

1 dilim zencefil kökü, doğranmış

15 ml / 1 yemek kaşığı siyah fasulye sosu

2 soğan, dilimler halinde kesilmiş

1 sap kereviz, dilimlenmiş

450 gr mezgit balığı filetosu

15 ml / 1 yemek kaşığı soya sosu

15 ml / 1 yemek kaşığı pirinç şarabı veya sek şeri

250 ml / 8 fl oz / 1 su bardağı tavuk suyu

Yağı ısıtın ve sarımsak, zencefil ve siyah fasulye sosunu hafifçe kızarana kadar kızartın. Soğanları ve kerevizleri ekleyip 2 dakika karıştırarak kızartın. Mezgit balığını ekleyin ve her tarafı yaklaşık 4 dakika veya balık pişene kadar kızartın. Soya sosu, şarap veya şeri ve tavuk suyunu ekleyin, kaynatın, üzerini örtün ve 3 dakika pişirin.

Kahverengi soslu balık

4 kişi için

4 mezgit balığı veya benzeri balık

45 ml / 3 yemek kaşığı fıstık yağı

2 adet taze soğan (yeşil soğan), doğranmış

2 dilim zencefil kökü, doğranmış

5 ml / 1 çay kaşığı soya sosu

2,5 ml / ¬Ω çay kaşığı şarap sirkesi

2,5 ml / ¬Ω çay kaşığı pirinç şarabı veya sek şeri

2,5 ml / ¬Ω çay kaşığı şeker

taze kara biber

2,5 ml / ¬Ω çay kaşığı susam yağı

Balıkları temizleyip büyük parçalar halinde kesin. Yağı ısıtın ve taze soğanı ve zencefili 30 saniye kızartın. Balıkları ekleyin ve her iki tarafı da hafifçe kızarana kadar kızartın. Soya sosu, şarap sirkesi, şarap veya şeri, şeker ve karabiberi ekleyin ve sos koyulaşana kadar 5 dakika pişirin. Susam yağı serperek servis yapın.

4 kişi için

450 gr mezgit balığı filetosu

5 ml / 1 çay kaşığı beş baharat tozu

5 ml / 1 çay kaşığı tuz

30 ml / 2 yemek kaşığı fıstık yağı

2 diş sarımsak, ezilmiş

2 dilim zencefil kökü, doğranmış

30 ml / 2 yemek kaşığı pirinç şarabı veya sek şeri

15 ml / 1 yemek kaşığı soya sosu

10 ml / 2 çay kaşığı susam yağı

Mezgit balığı filetolarını beş baharat tozu ve tuzla ovalayın. Yağı ısıtın ve balıkları her iki tarafı da hafifçe kızarana kadar kızartın, ardından tavadan çıkarın. Sarımsak, zencefil, şarap veya şeri, soya sosu ve susam yağını ekleyip 1 dakika soteleyin. Balıkları tekrar tavaya alıp, balıklar yumuşayıncaya kadar pişirin.

Sarımsaklı mezgit balığı

4 kişi için

450 gr mezgit balığı filetosu

5 ml / 1 çay kaşığı tuz

30 ml / 2 yemek kaşığı mısır unu (mısır nişastası)

60 ml / 4 yemek kaşığı fıstık yağı

6 diş sarımsak

2 dilim zencefil kökü, ezilmiş

45 ml / 3 yemek kaşığı su

30 ml / 2 yemek kaşığı soya sosu

15 ml / 1 yemek kaşığı sarı fasulye sosu

15 ml / 1 yemek kaşığı pirinç şarabı veya sek şeri

15 ml / 1 yemek kaşığı esmer şeker

Mezgit balığına tuz serpin ve mısır unu tozunu serpin. Yağı ısıtın ve balıkları her iki tarafı da altın rengi olana kadar kızartın, ardından tavadan çıkarın. Sarımsak ve zencefili ekleyip 1 dakika soteleyin. Kalan malzemeleri ekleyin, kaynatın, kapağını kapatın ve 5 dakika pişirin. Balıkları tekrar tavaya alın, kapağını kapatın ve yumuşayana kadar pişirin.

Baharatlı balık

4 kişi için

450 gr mezgit balığı filetosu, doğranmış

1 limonun suyu

30 ml / 2 yemek kaşığı soya sosu

30 ml / 2 yemek kaşığı istiridye sosu

15 ml / 1 yemek kaşığı rendelenmiş limon kabuğu rendesi

bir tutam öğütülmüş zencefil

tuz ve biber

2 yumurta akı

45 ml / 3 yemek kaşığı mısır unu (mısır nişastası)

6 adet kurutulmuş Çin mantarı

kızartma yağı

5 adet taze soğan (arpacık), şeritler halinde kesilmiş

1 sap kereviz, şeritler halinde kesilmiş

100 g / 4 ons bambu filizleri, şeritler halinde kesilmiş

250 ml / 8 fl oz / 1 su bardağı tavuk suyu

5 ml / 1 çay kaşığı beş baharat tozu

Balıkları bir kaseye koyun ve üzerine limon suyu serpin. Soya sosunu, istiridye sosunu, limon kabuğu rendesini, zencefili, tuzu, karabiberi, yumurta aklarını ve 5ml/1 çay kaşığı mısır unu hariç hepsini karıştırın. Başlangıç

Ara sıra karıştırarak 2 saat marine edin. Mantarları ılık suda 30 dakika bekletin, sonra süzün. Saplarını çıkarın ve kapaklarını dilimleyin. Yağı ısıtın ve balıkları altın rengi olana kadar birkaç dakika kızartın. Tavadan çıkarın. Sebzeleri ekleyin ve yumuşayana kadar ama yine de gevrek olana kadar kızartın. Yağı dökün. Tavuk suyunu kalan mısır unu ile karıştırıp sebzelere ekleyin ve kaynatın. Balıkları tekrar tavaya alın, beş baharat tozuyla tatlandırın ve servis yapmadan önce tekrar ısıtın.

Pak Soi ile Zencefilli Mezgit

4 kişi için

450 gr mezgit balığı filetosu

tuz ve biber

225g / 8oz pak soi

30 ml / 2 yemek kaşığı fıstık yağı

1 dilim zencefil kökü, doğranmış

1 soğan, doğranmış

2 adet kurutulmuş kırmızı biber

5 ml / 1 çay kaşığı bal

10 ml / 2 çay kaşığı ketçap (ketçap)

10 ml / 2 çay kaşığı malt sirkesi

30 ml / 2 yemek kaşığı sek beyaz şarap

10 ml / 2 çay kaşığı soya sosu

10 ml / 2 çay kaşığı balık sosu

10 ml / 2 çay kaşığı istiridye sosu

5 ml / 1 çay kaşığı karides ezmesi

Mezgit balığını soyun ve ardından 2 cm'lik parçalar halinde kesin. Tuz ve karabiber serpin. Lahanayı küçük parçalar halinde kesin. Yağı ısıtın ve zencefili ve soğanı 1 dakika kızartın.

Lahanayı ve biberi ekleyip 30 saniye kızartın. Bal, domates ekleyin

ketçap, sirke ve şarap. Mezgit balığını ekleyin ve 2 dakika pişirin. Soya sosunu, balık ve istiridye sosunu ve karides ezmesini karıştırın ve mezgit balığı pişene kadar pişirin.

4 kişi için

450 g / 1 lb mezgit balığı filetosu, derisiz

tuz

5 ml / 1 çay kaşığı beş baharat tozu

2 limonun suyu

5 ml / 1 çay kaşığı anason tohumu, öğütülmüş

5 ml / 1 çay kaşığı taze çekilmiş karabiber

30 ml / 2 yemek kaşığı soya sosu

30 ml / 2 yemek kaşığı istiridye sosu

15 ml / 1 yemek kaşığı bal

60 ml / 4 yemek kaşığı doğranmış frenk soğanı

8,Äì10 ıspanak yaprağı

45 ml / 3 yemek kaşığı şarap sirkesi

Balıkları uzun ince şeritler halinde kesip örgüler yapın, üzerine tuz, beş baharat tozu ve limon suyu serpip bir kaseye aktarın. Anason, biber, soya sosu, istiridye sosu, bal ve frenk soğanını karıştırın, balığın üzerine dökün ve en az 30 dakika marine etmeye bırakın. Buharlı pişirme sepetini ıspanak yapraklarıyla kaplayın, örgüleri üstüne yerleştirin, üzerini kapatın ve sirkeli kaynar suyun üzerinde yaklaşık 25 dakika buharda pişirin.

4 kişi için

450g / 1lb mezgit balığı filetosu, soyulmuş ve doğranmış

1 limonun suyu

30 ml / 2 yemek kaşığı soya sosu

30 ml / 2 yemek kaşığı istiridye sosu

30 ml / 2 yemek kaşığı erik sosu

5 ml / 1 çay kaşığı pirinç şarabı veya sek şeri

tuz ve biber

6 adet kurutulmuş Çin mantarı

100 gr soya filizi

100 g / 4 oz bezelye

50 g / 2 oz / ¬Ω fincan ceviz, doğranmış

1 yumurta, dövülmüş

30 ml / 2 yemek kaşığı mısır unu (mısır nişastası)

225 gr Çin lahanası, beyazlatılmış

Balıkları bir kaseye koyun. Limon suyu, soya, istiridye ve erik soslarını, şarap veya şeri ile tuz ve karabiberi karıştırın. Balıkların üzerine dökün ve 30 dakika marine etmeye bırakın. Sebzeleri, fındıkları, yumurtayı ve mısır ununu ekleyip iyice karıştırın. 3 adet Çin yaprağını üst üste koyun, üzerine balık karışımından bir miktar kaşık koyun.

ve yuvarlanın. Tüm malzemeler bitene kadar devam edin. Ruloları bir buharlı pişirme sepetine yerleştirin, üzerini örtün ve 30 dakika pişirin.

4 kişi için

450 gr pisi balığı filetosu

tuz

15 ml / 1 yemek kaşığı siyah fasulye sosu

1 diş sarımsak, ezilmiş

2 adet taze soğan (yeşil soğan), doğranmış

2 dilim zencefil kökü, doğranmış

15 ml / 1 yemek kaşığı pirinç şarabı veya sek şeri

15 ml / 1 yemek kaşığı soya sosu

200 gr konserve domates, süzülmüş

30 ml / 2 yemek kaşığı fıstık yağı

Halibut'a bolca tuz serpin ve 1 saat bekletin. Tuzu durulayın ve kurulayın. Balıkları fırına dayanıklı bir kaseye koyun ve üzerine siyah fasulye sosu, sarımsak, taze soğan, zencefil, şarap veya şeri, soya sosu ve domates serpin. Kaseyi buharlı pişiricideki bir rafın üzerine yerleştirin, üzerini örtün ve balıklar pişene kadar 20 dakika kaynar su üzerinde buharda pişirin. Yağı neredeyse duman çıkana kadar ısıtın ve servis yapmadan önce balığın üzerine gezdirin.

Brokoli ile maymunbalığı

4 kişi için

450 g / 1 lb maymunbalığı kuyruğu, doğranmış

tuz ve biber

45 ml / 3 yemek kaşığı fıstık yağı

50 gr mantar, dilimlenmiş

1 küçük havuç, şeritler halinde kesilmiş

1 diş sarımsak, ezilmiş

2 dilim zencefil kökü, doğranmış

45 ml / 3 yemek kaşığı su

275 g / 10 ons brokoli çiçeği

5 ml / 1 çay kaşığı şeker

5 ml / 1 çay kaşığı mısır unu (mısır nişastası)

45 ml / 3 yemek kaşığı su

Maymunbalığını tuz ve karabiberle iyice baharatlayın. 30ml/2 yemek kaşığı yağı ısıtın ve maymunbalığını, mantarları, havucu, sarımsağı ve zencefili hafifçe kızarana kadar kızartın. Suyunu ekleyip kısık ateşte ağzı açık pişirmeye devam edin. Bu arada brokolileri kaynar suda yumuşayana kadar haşlayın, ardından iyice süzün. Kalan yağı ısıtın ve brokoliyi ve şekeri bir tutam tuzla, brokoli yağla iyice kaplanana kadar soteleyin. Isıtılmış bir yemeğin etrafına yerleştirin

servis tabağı. Mısır unu ve suyu macun kıvamına gelinceye kadar karıştırın, balığın içine ekleyin ve sos koyulaşana kadar karıştırarak pişirin. Brokoliyi üzerine dökün ve hemen servis yapın.

Kalın soya soslu barbunya

4 kişi için

1 barbunya

kızartma yağı

30 ml / 2 yemek kaşığı fıstık yağı

2 adet taze soğan (yeşil soğan), dilimlenmiş

2 dilim zencefil kökü, doğranmış

1 kırmızı biber, doğranmış

250 ml / 8 fl oz / 1 su bardağı balık suyu

15 ml / 1 yemek kaşığı koyu soya sosu

15 ml / 1 yemek kaşığı taze çekilmiş beyaz

Biber

15 ml / 1 yemek kaşığı pirinç şarabı veya sek şeri

Balıkları kesin ve her iki tarafa çapraz olarak çizik atın. Yağı ısıtın ve balığı yarı pişene kadar kızartın. Yağdan çıkarın ve iyice süzün. Yağı ısıtın ve taze soğanı, zencefili ve kırmızı biberi 1 dakika kızartın. Diğer malzemeleri ekleyip iyice karıştırıp kaynamaya bırakın. Balıkları ekleyin ve balıklar pişene ve sıvı neredeyse buharlaşana kadar kapağı açık olarak pişirin.

4 kişi için

1 barbunya

30 ml / 2 yemek kaşığı fıstık yağı

4 taze soğan (arpacık), doğranmış

1 kırmızı biber, doğranmış

4 dilim zencefil kökü, doğranmış

45 ml / 3 yemek kaşığı esmer şeker

30 ml / 2 yemek kaşığı kırmızı şarap sirkesi

30 ml / 2 yemek kaşığı su

30 ml / 2 yemek kaşığı soya sosu

taze kara biber

Balıkları temizleyip temizleyin ve her iki tarafta 2 veya 3 çapraz kesim yapın. Yağı ısıtın ve taze soğanın, kırmızı biberin ve zencefilin yarısını 30 saniye kızartın. Balıkları ekleyin ve her iki tarafı da hafifçe kızarana kadar kızartın. Şekeri, şarap sirkesini, suyu, soya sosunu ve biberi ekleyin, kaynatın, kapağını kapatın ve balıklar pişip sos azalıncaya kadar yaklaşık 20 dakika pişirin. Kalan taze soğanlarla süsleyerek servis yapın.

Kızarmış pisi

4 kişi için

4 adet pisi balığı filetosu

tuz ve taze çekilmiş karabiber

30 ml / 2 yemek kaşığı fıstık yağı

1 dilim zencefil kökü, doğranmış

1 diş sarımsak, ezilmiş

Lahana Yaprakları

Pisiyi cömertçe tuz ve karabiberle tatlandırın. Yağı ısıtın ve zencefil ve sarımsağı 20 saniye kızartın. Balıkları ekleyin ve tamamen pişene ve altın rengi kahverengi olana kadar kızartın. İyice süzün ve bir marul yatağında servis yapın.

Çin mantarlı buharda pişmiş pisi balığı

4 kişi için

4 kurutulmuş Çin mantarı

450 gr pisi balığı filetosu, doğranmış

1 diş sarımsak, ezilmiş

1 dilim zencefil kökü, doğranmış

15 ml / 1 yemek kaşığı soya sosu

15 ml / 1 yemek kaşığı pirinç şarabı veya sek şeri

5 ml / 1 çay kaşığı esmer şeker

350 gr pişmiş uzun taneli pirinç

Mantarları ılık suda 30 dakika bekletin, sonra süzün. Saplarını atın ve kapaklarını doğrayın. Pisi balığı, sarımsak, zencefil, soya sosu, şarap veya şeri ve şekerle karıştırın, üzerini örtün ve 1 saat marine etmeye bırakın. Pirinci bir buharlayıcıya yerleştirin ve balığı üstüne yerleştirin. Balık pişene kadar yaklaşık 30 dakika buharda pişirin.

Sarımsaklı pilav

4 kişi için

350 gr pisi balığı filetosu

tuz

45 ml / 3 yemek kaşığı mısır unu (mısır nişastası)

1 yumurta, dövülmüş

60 ml / 4 yemek kaşığı fıstık yağı

3 diş sarımsak, kıyılmış

4 adet taze soğan (yeşil soğan), doğranmış

15 ml / 1 yemek kaşığı pirinç şarabı veya sek şeri

5 ml / 1 çay kaşığı susam yağı

Pisiyi soyun ve şeritler halinde kesin. Tuz serpip 20 dakika dinlendirin. Balıkları mısır unu ile toz haline getirin ve yumurtaya batırın. Yağı ısıtın ve balık şeritlerini altın rengi kahverengi olana kadar yaklaşık 4 dakika kızartın. Tavadan çıkarın ve emici kağıt üzerine boşaltın. Tavadan 5ml/1 çay kaşığı yağın tamamını dökün ve kalan malzemeleri ekleyin. Kaynatın, karıştırın, ardından 3 dakika pişirin. Balıkların üzerine dökün ve hemen servis yapın.

4 kişi için

450g / 1lb pisi balığı filetosu

5 ml / 1 çay kaşığı tuz

30 ml / 2 yemek kaşığı soya sosu

200 g / 7 oz konserve ananas parçaları

2 çırpılmış yumurta

100 g / 4 oz / ¬Ω bardak mısır unu (mısır nişastası)

kızartma yağı

30 ml / 2 yemek kaşığı su

5 ml / 1 çay kaşığı susam yağı

Pilavı şeritler halinde kesin ve bir kaseye koyun. Tuz, soya sosu ve 30ml/2 yemek kaşığı ananas suyunu serpin ve 10 dakika bekletin. Yumurtaları 45 ml / 3 yemek kaşığı mısır unu ile bir hamur halinde çırpın ve balıkları bu hamura batırın. Yağı ısıtın ve balıkları altın rengi kahverengi olana kadar kızartın. Pişen biberin üzerine boşaltın. Kalan ananas suyunu küçük bir tencereye koyun. 30 ml / 2 yemek kaşığı mısır ununu suyla karıştırıp tencereye alın. Kaynatın ve koyulaşana kadar karıştırarak pişirin. Ananas parçalarının yarısını ekleyin ve ısıtın.

Servis yapmadan hemen önce susam yağını karıştırın. Pişmiş balıkları ısıtılmış bir servise yerleştirin

66

Tabaklayın ve ayrılmış ananasla süsleyin. Üzerine sıcak sosu dökün ve hemen servis yapın.

4 kişi için

120 ml / 4 fl oz / ¬Ω bardak fıstık yağı

450 gr doğranmış tofu

2,5 ml / ¬Ω çay kaşığı susam yağı

100 gr kıyılmış somon fileto

bir tutam biber sosu

250 ml / 8 fl oz / 1 su bardağı balık suyu

15 ml / 1 yemek kaşığı mısır unu (mısır nişastası)

45 ml / 3 yemek kaşığı su

2 adet taze soğan (yeşil soğan), doğranmış

Yağı ısıtın ve tofuyu hafifçe kızarana kadar kızartın. Tavadan çıkarın. Yağı ve susam yağını ısıtıp somon ve biber sosunu 1 dakika kızartın. Et suyunu ekleyin, kaynatın, ardından tofuyu tekrar tavaya alın. Malzemeler pişene ve sıvı miktarı azalıncaya kadar kapağı açık olarak pişirin. Mısır ununu ve suyu macun kıvamına gelene kadar karıştırın. Her seferinde biraz karıştırın ve karışım koyulaşana kadar karıştırarak pişirin. Sıvının azalmasına izin verirseniz mısır unu hamurunun tamamına ihtiyacınız olmayabilir. Sıcak bir servis tabağına alıp üzerine taze soğan serpin.

Kızartılmış Marine Balık

4 kişi için

450g / 1lb hamsi veya diğer küçük balık, temizlenmiş

3 dilim zencefil kökü, doğranmış

120 ml / 4 fl oz / ¬Ω bardak soya sosu

15 ml / 1 yemek kaşığı pirinç şarabı veya sek şeri

1 diş yıldız anason

kızartma yağı

15 ml / 1 yemek kaşığı susam yağı

Balıkları bir kaseye koyun. Zencefil, soya sosu, şarap veya şeri ve anasonu karıştırın, balığın üzerine dökün ve ara sıra karıştırarak 1 saat dinlenmeye bırakın. Balıkları süzün, turşuyu atın. Yağı ısıtın ve balıkları gevrek ve altın rengi olana kadar gruplar halinde kızartın. Emici kağıt üzerine boşaltın ve üzerine susam yağı serperek servis yapın.

4 kişi için

15 ml / 1 yemek kaşığı yer fıstığı yağı

1 diş sarımsak, ezilmiş

1 dilim zencefil kökü, doğranmış

4 alabalık

2 havuç, şeritler halinde kesilmiş

25 g / 1 oz bambu filizleri, şeritler halinde kesilmiş

25 gr su kestanesi, şeritler halinde kesilmiş

15 ml / 1 yemek kaşığı soya sosu

15 ml / 1 yemek kaşığı pirinç şarabı veya sek şeri

Yağı ısıtın ve sarımsak ve zencefili hafifçe kızarana kadar kızartın. Balıkları ekleyin, kapağını kapatın ve balıklar opaklaşana kadar kızartın. Havuçları, bambu filizlerini, kestaneleri, soya sosunu ve şarabı veya şeri ekleyin, iyice karıştırın, üzerini örtün ve yaklaşık 5 dakika pişirin.

4 kişi için

4 alabalık, temizlenmiş ve pulları ayıklanmış

2 çırpılmış yumurta

50 g / 2 oz / ¬Ω bardak sade un (çok amaçlı)

kızartma yağı

1 limon, dilimler halinde kesilmiş

Balıkları her iki tarafta çapraz olarak birkaç kez kesin. Çırpılmış yumurtaları batırın ve ardından unu tamamen kaplayacak şekilde ekleyin. Fazlalıkları silin. Yağı ısıtın ve balıkları pişene kadar yaklaşık 10-15 dakika kızartın. Emici kağıt üzerine boşaltın ve limonla servis yapın.

4 kişi için

450 ml / ¬æ pt / 2 su bardağı tavuk suyu

5 cm / 2 inç kare limon kabuğu parçaları

150 ml / ¬° pt / cömert ¬Ω bardak limon suyu

90 ml / 6 yemek kaşığı esmer şeker

2 dilim zencefil kökü, şeritler halinde kesilmiş

30 ml / 2 yemek kaşığı mısır unu (mısır nişastası)

4 alabalık

375 g / 12 oz / 3 su bardağı sade un (çok amaçlı)

175 ml / 6 fl oz / ¬æ bardak su

kızartma yağı

2 yumurta akı

8 adet taze soğan (yeşil soğan), ince dilimler halinde kesilmiş

Sosu hazırlamak için et suyu, limon kabuğu rendesi, meyve suyu ve şekeri 5 dakika karıştırın. Ateşten alın, süzün ve tavaya geri koyun. Mısır ununu biraz suyla karıştırıp tencereye alın. Sık sık karıştırarak 5 dakika pişirin. Ateşten alıp sosu sıcak tutun.

Balıkların her iki tarafına da biraz un serpin. Kalan unu su ve 10 ml/2 çay kaşığı yağ ile pürüzsüz hale gelinceye kadar çırpın. Yumurta aklarını sertleşinceye kadar fakat kuru olmayacak şekilde çırpın ve hamura ekleyin. Kalan yağı ısıtın. Balıkları tamamen kaplayacak şekilde hamura batırın. Balıkları yaklaşık 10 dakika boyunca, bir kez çevirerek, tamamen pişip altın rengi kahverengi olana kadar pişirin. Emici kağıt üzerine boşaltın. Balıkları sıcak bir servis tabağına dizin. Taze soğanları ılık sosta karıştırın, balığın üzerine dökün ve hemen servis yapın.

Çin Ton Balığı

4 kişi için

30 ml / 2 yemek kaşığı fıstık yağı

1 soğan, doğranmış

200g konserve ton balığı, süzülmüş ve pullara ayrılmış

2 kereviz çubuğu, doğranmış

100 gr doğranmış mantar

1 yeşil biber, doğranmış

250 ml / 8 fl oz / 1 su bardağı et suyu

30 ml / 2 yemek kaşığı soya sosu

100 g / 4 oz ince yumurtalı erişte

tuz

15 ml / 1 yemek kaşığı mısır unu (mısır nişastası)

45 ml / 3 yemek kaşığı su

Yağı ısıtın ve soğanı yumuşayana kadar kızartın. Ton balığını ekleyin ve yağla iyice kaplanana kadar karıştırın. Kereviz, mantar ve biberi ekleyip 2 dakika karıştırarak kavurun. Et suyunu ve soya sosunu ekleyin, kaynatın, kapağını kapatın ve 15 dakika pişirin. Bu arada tagliatelle'yi kaynar tuzlu suda yumuşayana kadar yaklaşık 5 dakika pişirin, ardından iyice süzün ve ılık bir porsiyona dizin.

tabak. Mısır ununu ve suyu karıştırın, ton balığı sosuna ekleyin ve kısık ateşte sos koyulaşıp koyulaşana kadar karıştırarak pişirin.

Marine Edilmiş Balık Biftekleri

4 kişi için

4 adet mezgit veya mezgit bifteği
2 diş sarımsak, ezilmiş
2 dilim zencefil kökü, ezilmiş
3 taze soğan (yeşil soğan), doğranmış
15 ml / 1 yemek kaşığı pirinç şarabı veya sek şeri
15 ml / 1 yemek kaşığı şarap sirkesi
tuz ve taze çekilmiş karabiber
45 ml / 3 yemek kaşığı fıstık yağı

Balıkları bir kaseye koyun. Sarımsak, zencefil, taze soğan, şarap veya şeri, şarap sirkesi, tuz ve karabiberi karıştırın, balığın üzerine dökün, üzerini örtün ve birkaç saat marine etmeye bırakın. Balıkları marinattan çıkarın. Yağı ısıtın ve balıkları her iki tarafı da altın rengi olana kadar kızartın, ardından tavadan çıkarın. Marine edilmiş turşuyu tavaya ekleyin, kaynatın, ardından balıkları tekrar tavaya alın ve tamamen pişene kadar pişirin.

Bademli Karides

4 kişi için

100 gr badem

225 gr kabuklu büyük karides

2 dilim zencefil kökü, doğranmış

15 ml / 1 yemek kaşığı mısır unu (mısır nişastası)

2,5 ml / ¬Ω çay kaşığı tuz

30 ml / 2 yemek kaşığı fıstık yağı

2 diş sarımsak

2 kereviz çubuğu, doğranmış

5 ml / 1 çay kaşığı soya sosu

5 ml / 1 çay kaşığı pirinç şarabı veya sek şeri

30 ml / 2 yemek kaşığı su

Bademleri kuru bir tavada hafif altın rengi olana kadar kızartın, ardından bir kenara koyun. Karidesleri kuyruklarında bırakarak soyun ve uzunlamasına ikiye bölün. Zencefil, mısır nişastası ve tuzla karıştırın. Yağı ısıtın ve sarımsakları hafifçe kızarana kadar kızartın, ardından sarımsakları çıkarın. Kereviz, soya sosu, şarap veya şeri ve suyu tavaya ekleyin ve kaynatın. Karidesleri ekleyin ve iyice ısınana kadar karıştırarak kızartın. Üzerine kavrulmuş badem serperek servis yapın.

4 kişi için

45 ml / 3 yemek kaşığı fıstık yağı

15 ml / 1 yemek kaşığı soya sosu

5 ml / 1 çay kaşığı şeker

120 ml / 4 fl oz / ¬Ω bardak balık suyu

bir tutam öğütülmüş anason

450g / 1lb soyulmuş karides

Yağı ısıtın, soya sosunu, şekeri, et suyunu ve anasonu ekleyip kaynatın. Karidesleri ekleyin ve iyice ısınıp aroması çıkana kadar birkaç dakika pişirin.

4 kişi için

450 gr kuşkonmaz, parçalar halinde kesilmiş

45 ml / 3 yemek kaşığı fıstık yağı

2 dilim zencefil kökü, doğranmış

15 ml / 1 yemek kaşığı soya sosu

15 ml / 1 yemek kaşığı pirinç şarabı veya sek şeri

5 ml / 1 çay kaşığı şeker

2,5 ml / ¬Ω çay kaşığı tuz

225 gr soyulmuş karides

Kuşkonmazları kaynar suda 2 dakika haşlayıp iyice süzün. Yağı ısıtın ve zencefili birkaç saniye kızartın. Kuşkonmazı ekleyin ve yağla iyice kaplanana kadar fırlatın. Soya sosu, şarap veya şeri, şeker ve tuzu ekleyip ısıtın. Karidesleri ekleyin ve kuşkonmaz yumuşayana kadar kısık ateşte karıştırın.

Pastırmalı Karides

4 kişi için

450 g / 1 lb büyük soyulmamış karides

100 gr pastırma

1 yumurta, hafifçe çırpılmış

2,5 ml / ¬Ω çay kaşığı tuz

15 ml / 1 yemek kaşığı soya sosu

50 g / 2 oz / ¬Ω bardak mısır unu (mısır nişastası)

kızartma yağı

Karidesleri kuyrukları sağlam kalacak şekilde soyun. Uzunlamasına ikiye bölün. Pastırmayı kareler halinde kesin. Her karidesin ortasına bir parça domuz pastırması bastırın ve iki yarıyı bir araya getirin. Yumurtayı tuz ve soya sosuyla çırpın. Karidesleri yumurtaya batırın ve ardından mısır unu serpin. Yağı ısıtın ve karidesleri gevrek ve altın rengi olana kadar kızartın.

Karides topları

4 kişi için

3 kurutulmuş Çin mantarı

450 gr ince doğranmış karides

6 adet su kestanesi, ince doğranmış

1 taze soğan (yeşil soğan), ince doğranmış

1 dilim zencefil kökü, ince doğranmış

tuz ve taze çekilmiş karabiber

2 çırpılmış yumurta

15 ml / 1 yemek kaşığı mısır unu (mısır nişastası)

50 g / 2 oz / ¬Ω bardak sade un (çok amaçlı)

kızartma için yer fıstığı yağı (yer fıstığı)

Mantarları ılık suda 30 dakika bekletin, sonra süzün. Saplarını atın ve kapaklarını ince ince doğrayın. Karides, kestane, taze soğan ve zencefil ile karıştırıp tuz ve karabiberle tatlandırın. 1 yumurta ve 5ml/1 çay kaşığı mısır ununu bir çay kaşığı büyüklüğünde toplar halinde yuvarlayarak karıştırın.

Kalan yumurtayı, mısır unu ve unu birlikte çırpın ve kalın, pürüzsüz bir hamur elde edene kadar yeterli su ekleyin. Topları içine doğru yuvarlayın meyilli. Yağı ısıtın ve altın rengi olana kadar birkaç dakika kızartın.

4 kişi için

450g / 1lb büyük soyulmuş karides

100 gr pastırma

225 gr tavuk ciğeri, dilimlenmiş

1 diş sarımsak, ezilmiş

2 dilim zencefil kökü, doğranmış

30 ml / 2 yemek kaşığı şeker

120 ml / 4 fl oz / ¬Ω bardak soya sosu

tuz ve taze çekilmiş karabiber

Karidesleri kesmeden arkadan uzunlamasına kesin ve hafifçe düzleştirin. Pastırmayı parçalara ayırın ve karides ve tavuk ciğeri ile birlikte bir kaseye koyun. Kalan malzemeleri karıştırın, karideslerin üzerine dökün ve 30 dakika dinlenmeye bırakın. Karidesleri, domuz pastırmasını ve ciğerleri şişlere geçirin ve ızgarada veya mangalda yaklaşık 5 dakika pişirin, sık sık çevirerek, tamamen pişene kadar ara sıra marine ile yağlayın.

4 kişi için

60 ml / 4 yemek kaşığı fıstık yağı

1 diş sarımsak, kıyılmış

1 dilim zencefil kökü, doğranmış

450g / 1lb soyulmuş karides

30 ml / 2 yemek kaşığı pirinç şarabı veya sek şeri

225 g / 8 oz bambu filizleri

30 ml / 2 yemek kaşığı soya sosu

15 ml / 1 yemek kaşığı mısır unu (mısır nişastası)

45 ml / 3 yemek kaşığı su

Yağı ısıtın ve sarımsak ve zencefili hafifçe kızarana kadar kızartın. Karidesleri ekleyin ve 1 dakika karıştırarak kızartın. Şarap veya şeri ekleyin ve iyice karıştırın. Bambu filizlerini ekleyin ve 5 dakika karıştırarak kızartın. Diğer malzemeleri ekleyip 2 dakika karıştırarak kavurun.

4 kişi için

4 kurutulmuş Çin mantarı

30 ml / 2 yemek kaşığı fıstık yağı

1 diş sarımsak, ezilmiş

225 gr soyulmuş karides

15 ml / 1 yemek kaşığı pirinç şarabı veya sek şeri

450 g / 1 lb fasulye filizi

120 ml / 4 fl oz / ¬Ω bardak tavuk suyu

15 ml / 1 yemek kaşığı soya sosu

15 ml / 1 yemek kaşığı mısır unu (mısır nişastası)

tuz ve taze çekilmiş karabiber

2 adet taze soğan (yeşil soğan), doğranmış

Mantarları ılık suda 30 dakika bekletin, sonra süzün. Saplarını atın ve kapaklarını dilimleyin. Yağı ısıtın ve sarımsakları hafifçe kızarana kadar kızartın. Karidesleri ekleyin ve 1 dakika karıştırarak kızartın. Şarap veya şeri ekleyin ve 1 dakika soteleyin. Mantarları ve fasulye filizlerini karıştırın. Et suyunu, soya sosunu ve mısır nişastasını karıştırıp tavaya karıştırın. Kaynamaya bırakın ve sos hafifleşip koyulaşana kadar karıştırarak pişirin. Tuz ve karabiberle tatlandırın. Üzerine taze soğan serperek servis yapın.

Siyah fasulye soslu karides

4 kişi için

30 ml / 2 yemek kaşığı fıstık yağı

5 ml / 1 çay kaşığı tuz

1 diş sarımsak, ezilmiş

45 ml / 3 yemek kaşığı siyah fasulye sosu

1 yeşil biber, doğranmış

1 soğan, doğranmış

120 ml / 4 fl oz / ¬Ω bardak balık suyu

5 ml / 1 çay kaşığı şeker

15 ml / 1 yemek kaşığı soya sosu

225 gr soyulmuş karides

15 ml / 1 yemek kaşığı mısır unu (mısır nişastası)

45 ml / 3 yemek kaşığı su

Yağı ısıtın ve tuzu, sarımsağı ve siyah fasulye sosunu 2 dakika karıştırarak kızartın. Biber ve soğanı ekleyip 2 dakika karıştırarak kavurun. Et suyunu, şekeri ve soya sosunu ekleyip kaynatın. Karidesleri ekleyin ve 2 dakika pişirin. Mısır unu ve suyu macun kıvamına gelinceye kadar karıştırın, tavaya ekleyin ve sos hafifleşip koyulaşana kadar karıştırarak pişirin.

87

4 kişi için

45 ml / 3 yemek kaşığı fıstık yağı

3 dilim zencefil kökü, doğranmış

450g / 1lb soyulmuş karides

5 ml / 1 çay kaşığı tuz

15 ml / 1 yemek kaşığı şeri

4 kereviz çubuğu, doğranmış

100 gr kıyılmış badem

Yağın yarısını ısıtın ve zencefili hafifçe kızarana kadar kızartın. Karidesleri, tuzu ve şeri ekleyin ve yağla iyice kaplanana kadar karıştırarak kızartın, ardından tavadan çıkarın. Kalan yağı ısıtın ve kereviz ve bademleri, kereviz yumuşayana ama yine de gevrek olana kadar birkaç dakika kızartın. Karidesleri tekrar tavaya alın, iyice karıştırın ve servis yapmadan önce tekrar ısıtın.

4 kişi için

30 ml / 2 yemek kaşığı fıstık yağı
2 diş sarımsak, ezilmiş
225 gr pişmiş tavuk, ince dilimler halinde kesilmiş
100 g / 4 ons bambu filizleri, dilimlenmiş
100 gr mantar, dilimlenmiş
75 ml / 5 yemek kaşığı balık suyu
225 gr soyulmuş karides
225 gr kar bezelyesi (bezelye)
15 ml / 1 yemek kaşığı mısır unu (mısır nişastası)
45 ml / 3 yemek kaşığı su

Yağı ısıtın ve sarımsakları hafifçe kızarana kadar kızartın. Tavuğu, bambu filizlerini ve mantarları ekleyin ve yağla iyice kaplanana kadar karıştırarak kızartın. Et suyunu ekleyin ve kaynatın. Karidesleri ve kar bezelyelerini ekleyin, üzerini örtün ve 5 dakika pişirin. Mısır unu ve suyu macun kıvamına gelinceye kadar karıştırın, tavaya alın ve sos hafifleşip koyulaşıncaya kadar karıştırarak pişirin. Derhal servis yapın.

4 kişi için

450g / 1lb soyulmuş karides

1 yumurta beyazı

10 ml / 2 çay kaşığı mısır unu (mısır nişastası)

5 ml / 1 çay kaşığı tuz

60 ml / 4 yemek kaşığı fıstık yağı

25 gr kurutulmuş kırmızı biber, soyulmuş

1 diş sarımsak, ezilmiş

5 ml / 1 çay kaşığı taze çekilmiş karabiber

15 ml / 1 yemek kaşığı soya sosu

5 ml / 1 çay kaşığı pirinç şarabı veya sek şeri

2,5 ml / ¬Ω çay kaşığı şeker

2,5 ml / ¬Ω çay kaşığı şarap sirkesi

2,5 ml / ¬Ω çay kaşığı susam yağı

Karidesleri yumurta akı, mısır unu ve tuzla birlikte bir kaseye koyun ve 30 dakika marine etmeye bırakın. Yağı ısıtın ve biberleri, sarımsağı ve biberi 1 dakika kızartın. Karidesleri ve diğer malzemeleri ekleyin ve karidesler iyice ısınana ve malzemeler iyice birleşene kadar birkaç dakika karıştırarak kızartın.

Karides Pirzolası Suey

4 kişi için

60 ml / 4 yemek kaşığı fıstık yağı

2 adet taze soğan (yeşil soğan), doğranmış

2 diş sarımsak, ezilmiş

1 dilim zencefil kökü, doğranmış

225 gr soyulmuş karides

100 g / 4 oz dondurulmuş bezelye

100 gr düğme mantarı, ikiye bölünmüş

30 ml / 2 yemek kaşığı soya sosu

15 ml / 1 yemek kaşığı pirinç şarabı veya sek şeri

5 ml / 1 çay kaşığı şeker

5 ml / 1 çay kaşığı tuz

15 ml / 1 yemek kaşığı mısır unu (mısır nişastası)

45ml / 3 yemek kaşığı yağı ısıtın ve taze soğanı, sarımsağı ve zencefili hafifçe kızarana kadar kızartın. Karidesleri ekleyin ve 1 dakika karıştırarak kızartın. Tavadan çıkarın. Kalan yağı ısıtın ve bezelye ve mantarları 3 dakika kızartın. Karidesleri, soya sosunu, şarabı veya şeri, şekeri ve tuzu ekleyin ve 2 dakika karıştırarak kızartın. Mısır ununu biraz suyla karıştırın, tavaya alın ve sos hafifleşip koyulaşana kadar karıştırarak pişirin.

Karides Chow Mein

4 kişi için

450g / 1lb soyulmuş karides

15 ml / 1 yemek kaşığı mısır unu (mısır nişastası)

15 ml / 1 yemek kaşığı soya sosu

15 ml / 1 yemek kaşığı pirinç şarabı veya sek şeri

4 kurutulmuş Çin mantarı

30 ml / 2 yemek kaşığı fıstık yağı

5 ml / 1 çay kaşığı tuz

1 dilim zencefil kökü, doğranmış

100 gr Çin lahanası, dilimlenmiş

100 g / 4 ons bambu filizleri, dilimlenmiş

Yumuşak Kızarmış Erişte

Karidesleri mısır unu, soya sosu ve şarap veya şeri ile karıştırın ve ara sıra karıştırarak bekletin. Mantarları ılık suda 30 dakika bekletin, sonra süzün. Saplarını çıkarın ve kapaklarını dilimleyin. Yağı ısıtın ve tuzu ve zencefili 1 dakika kızartın. Lahanayı ve bambu filizlerini ekleyin ve yağla kaplanana kadar karıştırın. Kapağını kapatıp 2 dakika pişirin. Karidesleri karıştırın ve marine edin ve 3 dakika karıştırarak kızartın. Süzülmüş tagliatelleyi karıştırın ve servis yapmadan önce tekrar ısıtın.

4 kişi için

12 karides

tuz ve biber

10 ml / 2 çay kaşığı soya sosu

10 ml / 2 çay kaşığı mısır unu (mısır nişastası)

15 ml / 1 yemek kaşığı yer fıstığı yağı

4 diş sarımsak, ezilmiş

2 kırmızı biber, doğranmış

225 gr kabak (kabak), doğranmış

2 adet taze soğan (yeşil soğan), doğranmış

12 liçi, taşlanmış

120 ml / 4 fl oz / ¬Ω bardak hindistan cevizi kreması

10 ml / 2 çay kaşığı tatlı köri tozu

5 ml / 1 çay kaşığı balık sosu

Karidesleri kuyruklarında bırakarak soyun. Tuz, karabiber ve soya sosunu serpin, ardından mısır unu ile kaplayın. Yağı ısıtın ve sarımsak, kırmızı biber ve karidesleri 1 dakika kızartın. Kabakları, taze soğanları ve liçileri ekleyip 1 dakika kızartın. Tavadan çıkarın. Hindistan cevizi kremasını tavaya dökün, kaynatın ve koyulaşana kadar 2 dakika pişirin. Köriyi ekle toz ve balık sosu ile tuz ve karabiberle tatlandırın. Servis yapmadan önce karidesleri ve sebzeleri yeniden ısıtmak için sosa koyun.

Yengeçli Karides

4 kişi için

45 ml / 3 yemek kaşığı fıstık yağı

3 taze soğan (yeşil soğan), doğranmış

1 dilimlenmiş zencefil kökü, doğranmış

225 gr yengeç eti

15 ml / 1 yemek kaşığı pirinç şarabı veya sek şeri

30 ml / 2 yemek kaşığı tavuk veya balık suyu

15 ml / 1 yemek kaşığı soya sosu

5 ml / 1 çay kaşığı esmer şeker

5 ml / 1 çay kaşığı şarap sirkesi

taze kara biber

10 ml / 2 çay kaşığı mısır unu (mısır nişastası)

225 gr soyulmuş karides

30 ml/2 yemek kaşığı yağı ısıtın ve taze soğanları ve zencefili hafifçe kızarana kadar kızartın. Yengeç etini ekleyin ve 2 dakika karıştırarak kızartın. Şarap veya şeri, et suyu, soya sosu, şeker ve sirkeyi ekleyin ve biberle tatlandırın. 3 dakika karıştırarak kızartın. Nişastayı biraz suyla karıştırıp sosun içine katın. Sos koyulaşıncaya kadar karıştırarak pişirin. Bu arada ayrı bir tavada kalan yağı kızdırıp karidesleri bir süre kavurun.

dakika kadar ısıtılıncaya kadar. Yengeç karışımını sıcak bir servis tabağına yerleştirin ve karidesle süsleyin.

Salatalıklı karides

4 kişi için

225 gr soyulmuş karides

tuz ve taze çekilmiş karabiber

15 ml / 1 yemek kaşığı mısır unu (mısır nişastası)

1 salatalık

45 ml / 3 yemek kaşığı fıstık yağı

2 diş sarımsak, ezilmiş

1 soğan, ince doğranmış

15 ml / 1 yemek kaşığı pirinç şarabı veya sek şeri

2 dilim zencefil kökü, doğranmış

Karidesleri tuz ve karabiberle tatlandırın ve mısır nişastasıyla karıştırın. Salatalığı soyup çekirdeklerini çıkarın ve kalın dilimler halinde kesin. Yağın yarısını ısıtın ve sarımsak ve soğanı hafifçe kızarana kadar kızartın. Karidesleri ve şeri ekleyin ve 2 dakika karıştırarak kızartın, ardından malzemeleri tavadan çıkarın. Kalan yağı ısıtın ve zencefili 1 dakika kızartın. Salatalığı ekleyin ve 2 dakika karıştırarak kızartın. Karides karışımını tekrar tavaya alın ve iyice birleşip iyice ısınana kadar karıştırarak kızartın.

Karides köri

4 kişi için

45 ml / 3 yemek kaşığı fıstık yağı

4 adet taze soğan (yeşil soğan), dilimlenmiş

30 ml / 2 yemek kaşığı köri tozu

2,5 ml / ¬Ω çay kaşığı tuz

120 ml / 4 fl oz / ¬Ω bardak tavuk suyu

450g / 1lb soyulmuş karides

Yağı ısıtın ve taze soğanları 30 saniye kızartın. Köri tozu ve tuzu ekleyip 1 dakika karıştırarak kavurun. Et suyunu ekleyin, kaynatın ve karıştırarak 2 dakika pişirin. Karidesleri ekleyin ve hafifçe ısıtın.

4 kişi için

5 ml / 1 çay kaşığı soya sosu

5 ml / 1 çay kaşığı pirinç şarabı veya sek şeri

225 gr soyulmuş karides

30 ml / 2 yemek kaşığı fıstık yağı

2 diş sarımsak, ezilmiş

1 dilim zencefil kökü, ince doğranmış

1 soğan, dilimler halinde kesilmiş

100 gr şampanya mantarı

100 gr taze veya dondurulmuş bezelye

15 ml / 1 yemek kaşığı köri tozu

15 ml / 1 yemek kaşığı mısır unu (mısır nişastası)

150 ml / ¬° pt / cömert ¬Ω bardak tavuk suyu

Soya sosu, şarap veya şeri ve karidesleri karıştırın. Yağı sarımsak ve zencefille ısıtın ve hafif altın rengi olana kadar kızartın. Soğanı, mantarları ve bezelyeyi ekleyip 2 dakika karıştırarak kavurun. Köri tozu ve mısır ununu ekleyip 2 dakika karıştırarak kavurun. Yavaş yavaş et suyunu ekleyin, kaynatın, kapağını kapatın ve ara sıra karıştırarak 5 dakika pişirin. Karidesleri ve turşuyu ekleyin, kapağını kapatın ve 2 dakika pişirin.

Kızarmış karides

4 kişi için

450g / 1lb soyulmuş karides

30 ml / 2 yemek kaşığı pirinç şarabı veya sek şeri

5 ml / 1 çay kaşığı tuz

kızartma yağı

soya sosu

Karidesleri şarap veya şeri içine atın ve üzerine tuz serpin. 15 dakika dinlenmeye bırakın, ardından süzün ve kurulayın. Yağı ısıtın ve karidesleri çıtır çıtır olana kadar birkaç saniye kızartın. Üzerine soya sosu serperek servis yapın.

Kızarmış dövülmüş karides

4 kişi için

50 g / 2 oz / ¬Ω bardak sade un (çok amaçlı)
2,5 ml / ¬Ω çay kaşığı tuz
1 yumurta, hafifçe çırpılmış
30 ml / 2 yemek kaşığı su
450g / 1lb soyulmuş karides
kızartma yağı

Unu, tuzu, yumurtayı ve suyu pürüzsüz hale gelinceye kadar çırpın, gerekirse biraz daha su ekleyin. İyice kaplanıncaya kadar karidesle atın. Yağı ısıtın ve karidesleri gevrek ve altın rengi olana kadar birkaç dakika kızartın.

Domates Soslu Karides Gnocchi

4 kişi için

900g / 2lb soyulmuş karides

450 g / 1 lb doğranmış (öğütülmüş) morina

4 çırpılmış yumurta

50 g / 2 oz / ¬Ω bardak mısır unu (mısır nişastası)

2 diş sarımsak, ezilmiş

30 ml / 2 yemek kaşığı soya sosu

15 ml / 1 yemek kaşığı şeker

15 ml / 1 yemek kaşığı yer fıstığı yağı

Sosu için:

30 ml / 2 yemek kaşığı fıstık yağı

100 gr doğranmış soğan (yeşil soğan).

100 gr doğranmış mantar

100 gr jambon, doğranmış

2 kereviz çubuğu, doğranmış

200 gr soyulmuş ve doğranmış domates

300 ml / ¬Ω pt / 1¬° bardak su

tuz ve taze çekilmiş karabiber

15 ml / 1 yemek kaşığı mısır unu (mısır nişastası)

Karidesleri ince ince doğrayın ve morinayla karıştırın. Yumurtaları, mısır ununu, sarımsağı, soya sosunu, şekeri ve yağı karıştırın. Büyük bir tencerede suyu kaynatın ve karışımdan yemek kaşığı kadarını tencereye dökün. Tekrar kaynatın ve gnocchi yüzeye çıkana kadar birkaç dakika pişirin. İyice boşaltın. Sosu hazırlamak için yağı ısıtın ve taze soğanları yumuşayıncaya kadar fakat kahverengileşinceye kadar kızartın. Mantarları ekleyip 1 dakika soteleyin, ardından jambonu, kerevizi ve domatesi ekleyip 1 dakika soteleyin. Suyu ekleyin, kaynatın ve tuz ve karabiberle tatlandırın. Kapağını kapatıp ara sıra karıştırarak 10 dakika pişirin. Nişastayı biraz suyla karıştırıp sosun içine katın. Sos hafifleşip koyulaşana kadar karıştırarak birkaç dakika pişirin. Gnocchi ile servis yapın.

Yumurta bardakları ve karidesler

4 kişi için

15 ml / 1 yemek kaşığı susam yağı

8 soyulmuş karides

1 kırmızı biber, doğranmış

2 adet taze soğan (yeşil soğan), doğranmış

30 ml / 2 yemek kaşığı kıyılmış deniz kulağı (isteğe bağlı)

8 yumurta

15 ml / 1 yemek kaşığı soya sosu

tuz ve taze çekilmiş karabiber

birkaç dal düz yapraklı maydanoz

8 pişirme kabını yağlamak için susam yağı kullanın. Kullanıyorsanız, her tabağa biraz biber, taze soğan ve deniz kulağı ile birlikte bir karides koyun. Her kaseye bir yumurta kırın ve soya sosu, tuz ve karabiberle tatlandırın. Kalıpları bir fırın tepsisine yerleştirin ve önceden ısıtılmış fırında 200°C/400°F/gaz işareti 6'da yumurtalar sertleşene ve dışları hafifçe gevrekleşinceye kadar yaklaşık 15 dakika pişirin. Isıtılmış servis tabağına dikkatlice yerleştirip maydanozla süsleyin.

Karides Yumurta Ruloları

4 kişi için

225 gr fasulye filizi

30 ml / 2 yemek kaşığı fıstık yağı

4 kereviz çubuğu, doğranmış

100 gr doğranmış mantar

225 gr soyulmuş karides, doğranmış

15 ml / 1 yemek kaşığı pirinç şarabı veya sek şeri

2,5 ml / ¬Ω çay kaşığı mısır unu (mısır nişastası)

2,5 ml / ¬Ω çay kaşığı tuz

2,5 ml / ¬Ω çay kaşığı şeker

12 x yumurta rulosu kütikülleri

1 yumurta, dövülmüş

kızartma yağı

Fasulye filizlerini kaynar suda 2 dakika haşlayıp süzün. Yağı ısıtın ve kerevizleri 1 dakika kızartın. Mantarları ekleyip 1 dakika karıştırarak kavurun. Karidesleri, şarabı veya şeri, mısır ununu, tuzu ve şekeri ekleyin ve 2 dakika karıştırarak kızartın. Soğumaya bırakın.

Her derinin ortasına biraz dolgu koyun ve kenarlarına çırpılmış yumurta sürün. Kenarları katlayın, ardından yumurta rulosunu kendinizden uzağa doğru çekin ve kenarlarını yumurtayla kapatın. Yağı ısıtın ve altın kahverengi olana kadar kızartın.

Uzak Doğu karidesi

4 kişi için

16,Äì20 soyulmuş karides

1 limonun suyu

120 ml / 4 fl oz / ¬Ω fincan sek beyaz şarap

30 ml / 2 yemek kaşığı soya sosu

30 ml / 2 yemek kaşığı bal

15 ml / 1 yemek kaşığı rendelenmiş limon kabuğu rendesi

tuz ve biber

45 ml / 3 yemek kaşığı fıstık yağı

1 diş sarımsak, kıyılmış

6 adet taze soğan (yeşil soğan), şeritler halinde kesilmiş

2 havuç, şeritler halinde kesilmiş

5 ml / 1 çay kaşığı beş baharat tozu

5 ml / 1 çay kaşığı mısır unu (mısır nişastası)

Karidesleri limon suyu, şarap, soya sosu, bal ve limon kabuğu rendesi ile karıştırın ve tuz ve karabiberle tatlandırın. Örtün ve 1 saat marine edilmeye bırakın. Yağı ısıtın ve sarımsakları hafifçe kızarana kadar kızartın. Sebzeleri ekleyin ve yumuşayana kadar ama yine de gevrek olana kadar karıştırarak kızartın. Karidesleri boşaltın, tavaya ekleyin ve 2 dakika kızartın. Çaba

Marine edip beş baharat tozu ve mısır unuyla karıştırın. Wok'a ekleyin, iyice karıştırın ve kaynatın.

Karides Foo Yung

4 kişi için

6 yumurta, dövülmüş

45 ml / 3 yemek kaşığı mısır unu (mısır nişastası)

225 gr soyulmuş karides

100 gr mantar, dilimlenmiş

5 ml / 1 çay kaşığı tuz

2 adet taze soğan (yeşil soğan), doğranmış

45 ml / 3 yemek kaşığı fıstık yağı

Yumurtaları çırpın ve ardından mısır ununu ekleyin. Yağ hariç kalan tüm malzemeleri ekleyin. Yağı ısıtın ve karışımı azar azar tavaya dökerek yaklaşık 7,5 cm çapında krepler elde edin. Alt kısmı altın rengi olana kadar kızartın, ardından çevirip diğer tarafını da kızartın.

4 kişi için

12 adet büyük çiğ karides

1 yumurta, dövülmüş

30 ml / 2 yemek kaşığı mısır unu (mısır nişastası)

bir tutam tuz

bir tutam biber

3 dilim ekmek

1 adet haşlanmış (pişmiş) yumurta sarısı, doğranmış

25 gr pişmiş jambon, doğranmış

1 taze soğan (yeşil soğan), doğranmış

kızartma yağı

Kuyrukları sağlam bırakarak karideslerin kabuklarını ve arka damarlarını çıkarın. Karideslerin arka kısımlarını keskin bir bıçakla kesin ve hafifçe ezin. Yumurtayı, mısır nişastasını, tuzu ve karabiberi çırpın. Karidesleri tamamen kaplanana kadar karışıma atın. Ekmeğin kabuğunu çıkarın ve dörde bölün. Her parçanın üzerine kesilmiş tarafı aşağı gelecek şekilde bir karides yerleştirin ve bastırın. Her karidesin üzerine biraz yumurta karışımı sürün, ardından yumurta sarısını, jambonu ve taze soğanı serpin. Yağı ısıtın ve karides ekmeği parçalarını altın rengi kahverengi olana kadar gruplar halinde kızartın. Emici kağıt üzerine boşaltın ve sıcak olarak servis yapın.

4 kişi için

75 g / 3 oz / tam bardak mısır unu (mısır nişastası)

¬Ω yumurta, dövülmüş

5 ml / 1 çay kaşığı pirinç şarabı veya sek şeri

tuz

450g / 1lb soyulmuş karides

45 ml / 3 yemek kaşığı fıstık yağı

5 ml / 1 çay kaşığı susam yağı

1 diş sarımsak, ezilmiş

1 dilim zencefil kökü, doğranmış

3 adet taze soğan (yeşil soğan), dilimlenmiş

15 ml / 1 yemek kaşığı balık suyu

5 ml / 1 çay kaşığı şarap sirkesi

5 ml / 1 çay kaşığı şeker

Bir hamur oluşturmak için mısır unu, yumurta, şarap veya şeri ve bir tutam tuzu karıştırın. Karidesleri hafifçe kaplanacak şekilde hamura batırın. Yağı ısıtın ve karidesleri dışı çıtır olana kadar kızartın. Bunları tavadan çıkarın ve yağı boşaltın. Susam yağını tavada ısıtın, karides, sarımsak, zencefil ve taze soğanları ekleyip 3 dakika kızartın. Et suyunu, şarap sirkesini ve şekeri ekleyin, iyice karıştırın ve servis yapmadan önce ısıtın.

4 kişi için

30 ml / 2 yemek kaşığı fıstık yağı

225 gr doğranmış tofu

600 ml / 1 pt / 2¬Ω bardak tavuk suyu

100 gr doğranmış füme jambon

225 gr soyulmuş karides

Yağı ısıtın ve tofuyu hafifçe kızarana kadar kızartın. Tavadan çıkarın ve boşaltın. Et suyunu ısıtın, tofuyu ve jambonu ekleyin ve tofu pişene kadar yaklaşık 10 dakika pişirin. Karidesleri ekleyin ve iyice ısınana kadar 5 dakika daha pişirin. Derin kaselerde servis yapın.

Lychee soslu karides

4 kişi için

50 g / 2 oz / ¬Ω pürüzsüz kap (çok amaçlı)

Un

2,5 ml / ¬Ω çay kaşığı tuz

1 yumurta, hafifçe çırpılmış

30 ml / 2 yemek kaşığı su

450g / 1lb soyulmuş karides

kızartma yağı

30 ml / 2 yemek kaşığı fıstık yağı

2 dilim zencefil kökü, doğranmış

30 ml / 2 yemek kaşığı şarap sirkesi

5 ml / 1 çay kaşığı şeker

2,5 ml / ¬Ω çay kaşığı tuz

15 ml / 1 yemek kaşığı soya sosu

200g konserve liçi, süzülmüş

Unu, tuzu, yumurtayı ve suyu bir hamur oluşturmak için çırpın, gerekirse biraz daha su ekleyin. İyice kaplanıncaya kadar karidesle atın. Yağı ısıtın ve karidesleri gevrek ve altın rengi olana kadar birkaç dakika kızartın. Emici kağıda boşaltın ve sıcak bir servis tabağına dizin. Bu arada yağı ısıtın ve zencefili 1 dakika kızartın. Şarap sirkesini, şekeri, tuzu ve soya sosunu ekleyin. Lychee'leri ekleyin ve sıcak olana ve sosla kaplanana kadar karıştırın. Karideslerin üzerine dökün ve hemen servis yapın.

4 kişi için

60 ml / 4 yemek kaşığı fıstık yağı

1 diş sarımsak, ezilmiş

1 dilim zencefil kökü, doğranmış

450g / 1lb soyulmuş karides

30 ml / 2 yemek kaşığı pirinç şarabı veya sek şeri 30 ml / 2 yemek kaşığı soya sosu

15 ml / 1 yemek kaşığı mısır unu (mısır nişastası)

45 ml / 3 yemek kaşığı su

Yağı ısıtın ve sarımsak ve zencefili hafifçe kızarana kadar kızartın. Karidesleri ekleyin ve 1 dakika karıştırarak kızartın. Şarap veya şeri ekleyin ve iyice karıştırın. Soya sosu, mısır unu ve suyu ekleyip 2 dakika karıştırarak kavurun.

4 kişi için

5 adet kurutulmuş Çin mantarı

225 gr fasulye filizi

60 ml / 4 yemek kaşığı fıstık yağı

5 ml / 1 çay kaşığı tuz

2 kereviz çubuğu, doğranmış

4 adet taze soğan (yeşil soğan), doğranmış

2 diş sarımsak, ezilmiş

2 dilim zencefil kökü, doğranmış

60 ml / 4 yemek kaşığı su

15 ml / 1 yemek kaşığı soya sosu

15 ml / 1 yemek kaşığı pirinç şarabı veya sek şeri

225 gr kar bezelyesi (bezelye)

225 gr soyulmuş karides

15 ml / 1 yemek kaşığı mısır unu (mısır nişastası)

Mantarları ılık suda 30 dakika bekletin, sonra süzün. Saplarını çıkarın ve kapaklarını dilimleyin. Fasulye filizlerini kaynar suda 5 dakika haşlayıp iyice süzün. Yağın yarısını ısıtıp tuzu, kerevizi, taze soğanı ve fasulye filizlerini 1 dakika kadar kavurduktan sonra tavadan çıkarın. Kalan yağı ısıtın ve sarımsak ve zencefili hafifçe kızarana kadar kızartın. Suyun yarısını, soya sosunu, şarabı veya şeri, kar bezelyesini ve karidesleri ekleyin, kaynatın ve 3 dakika pişirin. Mısır unu ve kalan suyu macun kıvamına gelinceye kadar karıştırın, tavaya alın ve sos koyulaşana kadar karıştırarak pişirin. Sebzeleri tekrar tavaya alın, iyice ısınana kadar pişirin. Derhal servis yapın.

Çin mantarlı karides

4 kişi için

8 kurutulmuş Çin mantarı
45 ml / 3 yemek kaşığı fıstık yağı
3 dilim zencefil kökü, doğranmış
450g / 1lb soyulmuş karides
15 ml / 1 yemek kaşığı soya sosu
5 ml / 1 çay kaşığı tuz
60 ml / 4 yemek kaşığı balık suyu

Mantarları ılık suda 30 dakika bekletin, sonra süzün. Saplarını çıkarın ve kapaklarını dilimleyin. Yağın yarısını ısıtın ve zencefili hafifçe kızarana kadar kızartın. Karidesleri, soya sosunu ve tuzu ekleyip yağla kaplanana kadar kızartın ve ardından tavadan çıkarın. Kalan yağı ısıtın ve mantarları yağla kaplanana kadar kızartın. Et suyunu ekleyin, kaynatın, kapağını kapatın ve 3 dakika pişirin. Karidesleri tekrar tavaya alın ve iyice ısınana kadar karıştırın.

4 kişi için

450g / 1lb soyulmuş karides

5 ml / 1 çay kaşığı susam yağı

5 ml / 1 çay kaşığı tuz

30 ml / 2 yemek kaşığı fıstık yağı

1 diş sarımsak, ezilmiş

1 dilim zencefil kökü, doğranmış

225 g beyazlatılmış veya dondurulmuş bezelye, çözülmüş

4 adet taze soğan (yeşil soğan), doğranmış

30 ml / 2 yemek kaşığı su

tuz ve biber

Karidesleri susam yağı ve tuzla karıştırın. Yağı ısıtın ve sarımsak ve zencefili 1 dakika kızartın. Karidesleri ekleyin ve 2 dakika karıştırarak kızartın. Bezelyeleri ekleyin ve 1 dakika karıştırarak kızartın. Taze soğanı ve suyu ekleyip tuz, karabiber ve isterseniz biraz daha susam yağıyla tatlandırın. Servis yapmadan önce iyice karıştırarak tekrar ısıtın.

4 kişi için

12 karides

tuz ve biber

1 limonun suyu

30 ml / 2 yemek kaşığı mısır unu (mısır nişastası)

1 mango

5 ml / 1 çay kaşığı hardal tozu

5 ml / 1 çay kaşığı bal

30 ml / 2 yemek kaşığı Hindistan cevizi kreması

30 ml / 2 yemek kaşığı hafif köri tozu

120 ml / 4 fl oz / ¬Ω bardak tavuk suyu

45 ml / 3 yemek kaşığı fıstık yağı

2 diş sarımsak, kıyılmış

2 adet taze soğan (yeşil soğan), doğranmış

1 rezene, doğranmış

100 gr mango turşusu

Karidesleri kuyrukları sağlam kalacak şekilde soyun. Tuz, karabiber ve limon suyunu serpin, ardından mısır ununun yarısını dökün. Mangoyu soyun, posayı taştan kesin ve ardından küpler halinde kesin. Hardal, bal, hindistancevizi kreması, köri tozu, kalan mısır unu ve et suyunu karıştırın. Yağın yarısını ısıtın ve sarımsak, taze soğan ve rezeneyi 2 dakika kızartın. Et suyunu ekleyin, kaynatın ve 1 dakika pişirin. Mango küplerini ve Hint turşusunu ekleyip hafifçe ısıtın ve ardından sıcak bir servis tabağına aktarın. Kalan yağı ısıtın ve karidesleri 2 dakika kızartın. Bunları sebzelerin üzerine dizin ve hemen servis yapın.

Soğan soslu kızarmış karides topları

4 kişi için

3 yumurta, hafifçe çırpılmış
45 ml / 3 yemek kaşığı sade un (çok amaçlı)
tuz ve taze çekilmiş karabiber
450g / 1lb soyulmuş karides
kızartma yağı
15 ml / 1 yemek kaşığı yer fıstığı yağı
2 soğan, doğranmış
15 ml / 1 yemek kaşığı mısır unu (mısır nişastası)
30 ml / 2 yemek kaşığı soya sosu
175 ml / 6 fl oz / ¬æ bardak su

Yumurta, un, tuz ve karabiberi karıştırın. Karidesleri hamurun içine yerleştirin. Yağı ısıtın ve karidesleri altın kahverengi olana kadar kızartın. Bu arada yağı ısıtıp soğanları 1 dakika kavurun. Geri kalan malzemeleri bir macun haline getirin, soğanları karıştırın ve sos koyulaşana kadar karıştırarak pişirin. Karidesleri süzüp sıcak servis tabağına dizin. Sosu üzerine dökün ve hemen servis yapın.

Bezelyeli Mandalina Karidesleri

4 kişi için

60 ml / 4 yemek kaşığı fıstık yağı

1 diş sarımsak, kıyılmış

1 dilim zencefil kökü, doğranmış

450g / 1lb soyulmuş karides

30 ml / 2 yemek kaşığı pirinç şarabı veya sek şeri

225 g dondurulmuş bezelye, çözülmüş

30 ml / 2 yemek kaşığı soya sosu

15 ml / 1 yemek kaşığı mısır unu (mısır nişastası)

45 ml / 3 yemek kaşığı su

Yağı ısıtın ve sarımsak ve zencefili hafifçe kızarana kadar kızartın. Karidesleri ekleyin ve 1 dakika karıştırarak kızartın. Şarap veya şeri ekleyin ve iyice karıştırın. Bezelyeleri ekleyip 5 dakika karıştırarak kavurun. Diğer malzemeleri ekleyip 2 dakika karıştırarak kavurun.

4 kişi için

30 ml / 2 yemek kaşığı fıstık yağı

2 diş sarımsak, ezilmiş

1 dilim zencefil kökü, ince doğranmış

225 gr soyulmuş karides

4 taze soğan (yeşil soğan), kalın dilimler halinde kesilmiş

120 ml / 4 fl oz / ¬Ω bardak tavuk suyu

5 ml / 1 çay kaşığı esmer şeker

5 ml / 1 çay kaşığı soya sosu

5 ml / 1 çay kaşığı kuru üzüm sosu

5 ml / 1 çay kaşığı Tabasco sosu

Yağı sarımsak ve zencefille ısıtın ve sarımsak hafifçe kızarana kadar kızartın. Karidesleri ekleyin ve 1 dakika karıştırarak kızartın. Taze soğanları ekleyip 1 dakika karıştırarak kavurun. Kalan malzemeleri ekleyin, kaynatın, kapağını kapatın ve ara sıra karıştırarak 4 dakika pişirin. Baharatı kontrol edin ve isterseniz biraz daha Tabasco ekleyin.

Biberli karides

4 kişi için

30 ml / 2 yemek kaşığı fıstık yağı

1 yeşil biber, parçalar halinde kesilmiş

450g / 1lb soyulmuş karides

10 ml / 2 çay kaşığı mısır unu (mısır nişastası)

60 ml / 4 yemek kaşığı su

5 ml / 1 çay kaşığı pirinç şarabı veya sek şeri

2,5 ml / ¬Ω çay kaşığı tuz

45 ml / 2 yemek kaşığı domates püresi √ © e (makarna)

Yağı ısıtın ve biberi 2 dakika kızartın. Karidesleri ve domates püresini ekleyip iyice karıştırın. Mısır unu, şarap veya şeri ve tuzu bir macun kıvamına gelinceye kadar karıştırın, tavaya ekleyin ve sos hafifleşip koyulaşana kadar karıştırarak pişirin.

Domuz eti ile kızartılmış karides

4 kişi için

225 gr soyulmuş karides

100 gr yağsız domuz eti, doğranmış

60 ml / 4 yemek kaşığı pirinç şarabı veya sek şeri

1 yumurta beyazı

45 ml / 3 yemek kaşığı mısır unu (mısır nişastası)

5 ml / 1 çay kaşığı tuz

15 ml / 1 yemek kaşığı su (isteğe bağlı)

90 ml / 6 yemek kaşığı fıstık yağı

45 ml / 3 yemek kaşığı balık suyu

5 ml / 1 çay kaşığı susam yağı

Karides ve domuz etini ayrı kaselere koyun. Gevşek bir hamur oluşturmak için 45 ml/3 yemek kaşığı şarap veya şeri, yumurta akı, 30 ml/2 yemek kaşığı mısır unu ve tuzu karıştırın, gerekirse su ekleyin. Karışımı domuz eti ve karides arasında bölün ve eşit şekilde kaplamak için iyice atın. Yağı ısıtın ve domuz eti ile karidesleri altın rengi kahverengi olana kadar birkaç dakika kızartın. Tavadan çıkarın ve 15 ml/1 yemek kaşığı yağ dışında tamamını dökün. Et suyunu kalan şarap veya şeri ve mısır unu ile birlikte tavaya ekleyin. Kaynatın ve sos koyulaşana kadar karıştırarak pişirin. Karides ve domuz etinin üzerine dökün ve üzerine susam yağı gezdirerek servis yapın.

Şeri soslu kızarmış karides

4 kişi için

50 g / 2 oz / ¬Ω bardak sade un (çok amaçlı)

2,5 ml / ¬Ω çay kaşığı tuz

1 yumurta, hafifçe çırpılmış

30 ml / 2 yemek kaşığı su

450g / 1lb soyulmuş karides

kızartma yağı

15 ml / 1 yemek kaşığı yer fıstığı yağı

1 soğan, ince doğranmış

45 ml / 3 yemek kaşığı pirinç şarabı veya sek şeri

15 ml / 1 yemek kaşığı soya sosu

120 ml / 4 fl oz / ¬Ω bardak balık suyu

10 ml / 2 çay kaşığı mısır unu (mısır nişastası)

30 ml / 2 yemek kaşığı su

Unu, tuzu, yumurtayı ve suyu bir hamur oluşturmak için çırpın, gerekirse biraz daha su ekleyin. İyice kaplanıncaya kadar karidesle atın. Yağı ısıtın ve karidesleri gevrek ve altın rengi olana kadar birkaç dakika kızartın. Emici kağıda boşaltın ve sıcak bir servis tabağına dizin. Bu arada yağı ısıtıp soğanı yumuşayana kadar kavurun. Şarap veya şeri, soya sosu ve et suyunu ekleyin, kaynatın ve 4 dakika pişirin. Mısır unu ve suyu macun kıvamına gelinceye kadar karıştırın, tavaya alın ve sos hafifleşip koyulaşıncaya kadar karıştırarak pişirin. Sosu karideslerin üzerine döküp servis yapın.

4 kişi için

450g / 1lb soyulmuş karides

¬Ω yumurta akı

5 ml / 1 çay kaşığı soya sosu

5 ml / 1 çay kaşığı susam yağı

50 g / 2 oz / ¬Ω bardak mısır unu (mısır nişastası)

tuz ve taze çekilmiş beyaz biber

kızartma yağı

60 ml / 4 yemek kaşığı susam

Lahana Yaprakları

Karidesleri yumurta akı, soya sosu, susam yağı, mısır unu, tuz ve karabiberle karıştırın. Karışım çok kalınsa biraz su ekleyin. Yağı ısıtın ve karidesleri hafif altın rengi olana kadar birkaç dakika kızartın. Bu arada, susam tohumlarını kuru bir tavada altın rengi oluncaya kadar kısaca kızartın. Karidesleri süzün ve susamla karıştırın. Marul yatağında servis yapın.

Kabuklu tavada kızartılmış karides

4 kişi için

60 ml / 4 yemek kaşığı fıstık yağı

750 gr soyulmamış karides

3 taze soğan (yeşil soğan), doğranmış

3 dilim zencefil kökü, doğranmış

2,5 ml / ¬Ω çay kaşığı tuz

15 ml / 1 yemek kaşığı pirinç şarabı veya sek şeri

120 ml / 4 fl oz / ¬Ω bardak domates ketçapı (ketçap)

15 ml / 1 yemek kaşığı soya sosu

15 ml / 1 yemek kaşığı şeker

15 ml / 1 yemek kaşığı mısır unu (mısır nişastası)

60 ml / 4 yemek kaşığı su

Yağı ısıtın ve karidesleri pişmişse 1 dakika, çiğse pembeleşcne kadar kızartın. Taze soğanı, zencefili, tuzu ve şarabı veya şeri ekleyin ve 1 dakika boyunca karıştırarak kızartın. Ketçap, soya sosu ve şekeri ekleyip 1 dakika karıştırarak kavurun. Mısır unu ve suyu birleştirin, tavaya alın ve sos hafifleşip koyulaşana kadar karıştırarak pişirin.

4 kişi için

75 g / 3 oz / tam bardak mısır unu (mısır nişastası)
1 yumurta beyazı
5 ml / 1 çay kaşığı pirinç şarabı veya sek şeri
tuz
350 gr soyulmuş karides
kızartma yağı

Yoğun bir hamur elde etmek için mısır unu, yumurta akı, şarap veya şeri ve bir tutam tuzu birlikte çırpın. Karidesleri iyice kaplanana kadar hamurun içine batırın. Yağı orta derecede sıcak olana kadar ısıtın ve karidesleri altın rengi kahverengi olana kadar birkaç dakika kızartın. Bunları yağdan çıkarın, sıcak olana kadar ısıtın, ardından karidesleri gevrek ve altın rengi olana kadar tekrar kızartın.

4 kişi için

450g / 1lb soyulmuş karides

30 ml / 2 yemek kaşığı sade un (çok amaçlı)

30 ml / 2 yemek kaşığı mısır unu (mısır nişastası)

30 ml / 2 yemek kaşığı su

2 çırpılmış yumurta

kızartma yağı

Karidesleri iç kıvrımdan ikiye bölün ve bir kelebek oluşturacak şekilde yayın. Un, mısır unu ve suyu bir hamur elde edene kadar karıştırın, ardından yumurtaları ekleyin. Yağı ısıtın ve karidesleri altın kahverengi olana kadar kızartın.

4 kişi için

30 ml / 2 yemek kaşığı fıstık yağı

2 adet taze soğan (yeşil soğan), doğranmış

1 diş sarımsak, ezilmiş

1 dilim zencefil kökü, doğranmış

100 gr tavuk göğsü, şeritler halinde kesilmiş

100 gr jambon, şeritler halinde kesilmiş

100 g / 4 ons bambu filizleri, şeritler halinde kesilmiş

100 gr su kestanesi, şeritler halinde kesilmiş

225 gr soyulmuş karides

30 ml / 2 yemek kaşığı soya sosu

30 ml / 2 yemek kaşığı pirinç şarabı veya sek şeri

5 ml / 1 çay kaşığı tuz

5 ml / 1 çay kaşığı şeker

5 ml / 1 çay kaşığı mısır unu (mısır nişastası)

Yağı ısıtın ve taze soğanı, sarımsağı ve zencefili hafifçe kızarana kadar kızartın. Tavukları ekleyip 1 dakika karıştırarak kavurun. Jambonu, bambu filizlerini ve kestaneleri ekleyip 3 dakika karıştırarak kavurun. Karidesleri ekleyin ve 1 dakika karıştırarak kızartın. Soya sosu, şarap veya şeri, tuz ve şekeri ekleyin ve 2 dakika karıştırarak kızartın. Mısır ununu biraz suyla karıştırın, tavaya alın ve 2 dakika karıştırarak pişirin.

Tofu ile Karides

4 kişi için

45 ml / 3 yemek kaşığı fıstık yağı

225 gr doğranmış tofu

1 taze soğan (yeşil soğan), doğranmış

1 diş sarımsak, ezilmiş

15 ml / 1 yemek kaşığı soya sosu

5 ml / 1 çay kaşığı şeker

90 ml / 6 yemek kaşığı balık suyu

225 gr soyulmuş karides

15 ml / 1 yemek kaşığı mısır unu (mısır nişastası)

45 ml / 3 yemek kaşığı su

Yağın yarısını ısıtın ve tofuyu hafifçe kızarana kadar kızartın, ardından tavadan çıkarın. Kalan yağı ısıtın ve taze soğanları ve sarımsakları hafifçe kızarana kadar soteleyin. Soya sosunu, şekeri ve et suyunu ekleyip kaynatın. Karidesleri ekleyin ve kısık ateşte 3 dakika karıştırın. Mısır unu ve suyu bir macun haline getirin, tavaya alın ve sos koyulaşıncaya kadar karıştırarak pişirin. Tofuyu tekrar tavaya alın ve iyice ısınana kadar pişirin.

Domatesli Karides

4 kişi için

2 yumurta akı

30 ml / 2 yemek kaşığı mısır unu (mısır nişastası)

5 ml / 1 çay kaşığı tuz

450g / 1lb soyulmuş karides

kızartma yağı

30 ml / 2 yemek kaşığı pirinç şarabı veya sek şeri

225 gr domates, soyulmuş, çekirdeği çıkarılmış ve doğranmış

Yumurta aklarını, mısır nişastasını ve tuzu karıştırın. Karidesleri iyice kaplanıncaya kadar atın. Yağı ısıtın ve karidesleri pişene kadar kızartın. 15 ml/1 yemek kaşığı yağ hariç hepsini dökün ve ısıtın. Şarap veya şeri ve domatesleri ekleyip kaynatın. Karidesleri karıştırın ve servis yapmadan önce hızlıca tekrar ısıtın.

Domates soslu karides

4 kişi için

30 ml / 2 yemek kaşığı fıstık yağı

1 diş sarımsak, ezilmiş

2 dilim zencefil kökü, doğranmış

2,5 ml / ¬Ω çay kaşığı tuz

15 ml / 1 yemek kaşığı pirinç şarabı veya sek şeri

15 ml / 1 yemek kaşığı soya sosu

6 ml / 4 yemek kaşığı domates ketçapı (ketçap)

120 ml / 4 fl oz / ¬Ω bardak balık suyu

350 gr soyulmuş karides

10 ml / 2 çay kaşığı mısır unu (mısır nişastası)

30 ml / 2 yemek kaşığı su

Yağı ısıtın ve sarımsak, zencefil ve tuzu 2 dakika soteleyin.
Şarap veya şeri, soya sosu, ketçap ve et suyunu ekleyip kaynatın.
Karidesleri ekleyin, kapağını kapatın ve 2 dakika pişirin. Mısır
unu ve suyu macun kıvamına gelinceye kadar karıştırın, tavaya
alın ve sos hafifleşip koyulaşıncaya kadar karıştırarak pişirin.

Domates ve biber soslu karides

4 kişi için

60 ml / 4 yemek kaşığı fıstık yağı

15 ml / 1 yemek kaşığı doğranmış zencefil

15 ml / 1 yemek kaşığı kıyılmış sarımsak

15 ml / 1 yemek kaşığı doğranmış taze soğan

60 ml / 4 yemek kaşığı domates püresi√© ve (makarna)

15 ml / 1 yemek kaşığı biber sosu

450g / 1lb soyulmuş karides

15 ml / 1 yemek kaşığı mısır unu (mısır nişastası)

15 ml / 1 yemek kaşığı su

Yağı ısıtın ve zencefil, sarımsak ve taze soğanı 1 dakika soteleyin. Domates püresini ve biber salçasını ekleyip iyice karıştırın. Karidesleri ekleyin ve 2 dakika karıştırarak kızartın. Mısır unu ve suyu bir macun haline getirin, tavaya karıştırın ve sos koyulaşıncaya kadar pişirin. Derhal servis yapın.

Domates soslu kızarmış karides

4 kişi için

50 g / 2 oz / ¬Ω bardak sade un (çok amaçlı)

2,5 ml / ¬Ω çay kaşığı tuz

1 yumurta, hafifçe çırpılmış

30 ml / 2 yemek kaşığı su

450g / 1lb soyulmuş karides

kızartma yağı

30 ml / 2 yemek kaşığı fıstık yağı

1 soğan, ince doğranmış

2 dilim zencefil kökü, doğranmış

75 ml / 5 yemek kaşığı domates ketçapı (ketçap)

10 ml / 2 çay kaşığı mısır unu (mısır nişastası)

30 ml / 2 yemek kaşığı su

Unu, tuzu, yumurtayı ve suyu bir hamur oluşturmak için çırpın, gerekirse biraz daha su ekleyin. İyice kaplanıncaya kadar karidesle atın. Yağı ısıtın ve karidesleri gevrek ve altın rengi olana kadar birkaç dakika kızartın. Emici kağıt üzerine boşaltın.

Bu arada yağı ısıtın ve soğanı ve zencefili yumuşayana kadar kızartın. Ketçabı ekleyin ve 3 dakika pişirin. Mısır unu ve suyu macun kıvamına gelinceye kadar karıştırın, tavaya alın ve sos koyulaşıncaya kadar karıştırarak pişirin. Karidesleri tavaya ekleyin ve iyice ısınana kadar pişirin. Derhal servis yapın.

Sebzeli karides

4 kişi için

15 ml / 1 yemek kaşığı yer fıstığı yağı

225 gr brokoli çiçeği

225 gr şampanya mantarı

225 g / 8 ons bambu filizleri, dilimlenmiş

450g / 1lb soyulmuş karides

120 ml / 4 fl oz / ¬Ω bardak tavuk suyu

5 ml / 1 çay kaşığı mısır unu (mısır nişastası)

5 ml / 1 çay kaşığı istiridye sosu

2,5 ml / ¬Ω çay kaşığı şeker

2,5 ml / ¬Ω çay kaşığı rendelenmiş zencefil kökü

bir tutam taze çekilmiş biber

Yağı ısıtın ve brokolileri 1 dakika boyunca tavada kızartın.
Mantarları ve bambu filizlerini ekleyin ve 2 dakika karıştırarak
kızartın. Karidesleri ekleyin ve 2 dakika karıştırarak kızartın.
Geriye kalan malzemeleri karıştırıp karides karışımına ekleyin.
Kaynatın, karıştırın, ardından sürekli karıştırarak 1 dakika pişirin.

4 kişi için

60 ml / 4 yemek kaşığı fıstık yağı

1 diş sarımsak, kıyılmış

1 dilim zencefil kökü, doğranmış

450g / 1lb soyulmuş karides

30 ml / 2 yemek kaşığı pirinç şarabı veya sek şeri 225 g / 8 oz su

kestanesi, dilimlenmiş

30 ml / 2 yemek kaşığı soya sosu

15 ml / 1 yemek kaşığı mısır unu (mısır nişastası)

45 ml / 3 yemek kaşığı su

Yağı ısıtın ve sarımsak ve zencefili hafifçe kızarana kadar kızartın. Karidesleri ekleyin ve 1 dakika karıştırarak kızartın. Şarap veya şeri ekleyin ve iyice karıştırın. Kestaneleri ekleyip 5 dakika karıştırarak kavurun. Diğer malzemeleri ekleyip 2 dakika karıştırarak kavurun.

4 kişi için

450 gr soyulmuş karides, doğranmış

225 gr karışık sebze, doğranmış

15 ml / 1 yemek kaşığı soya sosu

2,5 ml / ¬Ω çay kaşığı tuz

birkaç damla susam yağı

40 wonton görünümü

kızartma yağı

Karides, sebze, soya sosu, tuz ve susam yağını karıştırın.

Wontonları katlamak için derisini sol elinizin avuç içinde tutun ve ortasına biraz kaşıkla doldurun. Kenarlarını yumurtayla nemlendirin ve cildi bir üçgen şeklinde katlayarak kenarlarını kapatın. Köşelerini yumurtayla nemlendirip birleştirin.

Yağı ısıtın ve wontonları altın rengi kahverengi olana kadar birer birer kızartın. Servis yapmadan önce iyice süzün.

Tavuklu abalone

4 kişi için

400 g / 14 oz konserve deniz kulağı

30 ml / 2 yemek kaşığı fıstık yağı

100 gr tavuk göğsü, doğranmış

100 g / 4 ons bambu filizleri, dilimlenmiş

250 ml / 8 fl oz / 1 su bardağı balık suyu

15 ml / 1 yemek kaşığı pirinç şarabı veya sek şeri

5 ml / 1 çay kaşığı şeker

2,5 ml / ¬Ω çay kaşığı tuz

15 ml / 1 yemek kaşığı mısır unu (mısır nişastası)

45 ml / 3 yemek kaşığı su

Deniz kulağını boşaltın ve dilimleyin, suyunu saklayın. Yağı
ısıtın ve tavukları rengi hafif dönene kadar kızartın. Abalone ve
bambu filizlerini ekleyin ve 1 dakika karıştırarak kızartın.
Abalone sıvısını, et suyunu, şarabı veya şeriyi, şekeri ve tuzu
ekleyin, kaynatın ve 2 dakika pişirin. Mısır unu ve suyu macun
kıvamına gelene kadar karıştırın ve sos hafifleşip koyulaşana
kadar karıştırarak pişirin. Derhal servis yapın.

Kuşkonmazlı abalone

4 kişi için

10 adet kurutulmuş Çin mantarı

30 ml / 2 yemek kaşığı fıstık yağı

15 ml / 1 yemek kaşığı su

225 gr kuşkonmaz

2,5 ml / ¬Ω çay kaşığı balık sosu

15 ml / 1 yemek kaşığı mısır unu (mısır nişastası)

225 g konserve abalone, dilimlenmiş

60 ml / 4 yemek kaşığı et suyu

¬Ω küçük havuç, dilimlenmiş

5 ml / 1 çay kaşığı soya sosu

5 ml / 1 çay kaşığı istiridye sosu

5 ml / 1 çay kaşığı pirinç şarabı veya sek şeri

Mantarları ılık suda 30 dakika bekletin, sonra süzün. Sapları çıkarın. 15 ml / 1 yemek kaşığı yağı suyla ısıtın ve mantar kapaklarını 10 dakika kızartın. Bu arada kuşkonmazı balık sosu ve 5 ml/1 çay kaşığı mısır unu ile kaynar suda yumuşayana kadar pişirin. İyice süzün ve mantarlarla birlikte sıcak bir servis tabağına dizin. Onları sıcak tutun. Kalan yağı ısıtın ve deniz kulağını birkaç saniye kızartın, ardından et suyu, havuç, soya sosu, istiridye sosu, şarap veya şeri ve kalan mısır unu ekleyin.

İyice pişene kadar yaklaşık 5 dakika pişirin, ardından kuşkonmazın üzerine kaşıkla servis yapın.

Mantarlı deniz kulağı

4 kişi için

6 adet kurutulmuş Çin mantarı
400 g / 14 oz konserve deniz kulağı
45 ml / 3 yemek kaşığı fıstık yağı
2,5 ml / ¬Ω çay kaşığı tuz
15 ml / 1 yemek kaşığı pirinç şarabı veya sek şeri
3 taze soğan (yeşil soğan), kalın dilimler halinde kesilmiş

Mantarları ılık suda 30 dakika bekletin, sonra süzün. Saplarını çıkarın ve kapaklarını dilimleyin. Deniz kulağını boşaltın ve dilimleyin, suyunu saklayın. Yağı ısıtın ve tuzu ve mantarları bir tavada 2 dakika soteleyin. Sıvı abalone ve şeri ekleyin, kaynatın, üzerini örtün ve 3 dakika pişirin. Denizkulağı ve taze soğanı ekleyin ve iyice ısınana kadar pişirin. Derhal servis yapın.

İstiridye soslu abalone

4 kişi için

400 g / 14 oz konserve deniz kulağı

Abalone kutusunu boşaltın ve 90 ml/6 yemek kaşığı sıvı ayırın. Bunu mısır unu, soya sosu ve istiridye sosuyla karıştırın. Yağı ısıtın ve süzülmüş deniz kulağını 1 dakika boyunca tavada kızartın. Sos karışımını karıştırın ve iyice ısınana kadar yaklaşık 1 dakika karıştırarak pişirin. Sıcak bir servis tabağına alıp jambonla süsleyerek servis yapın.

4 kişi için

24 istiridye

İstiridyeleri iyice ovalayın ve birkaç saat tuzlu suda bekletin. Akan su altında durulayın ve sığ bir fırın tepsisine yerleştirin. Buharlı pişiricideki bir rafa yerleştirin, üzerini kapatın ve tüm istiridyeler açılıncaya kadar yaklaşık 10 dakika boyunca kaynayan kaynar suyun üzerinde buharda pişirin. Kapalı kalanları atın. Soslarla servis yapın.

Fasulye filizli istiridye

4 kişi için

24 istiridye

15 ml / 1 yemek kaşığı yer fıstığı yağı

150 gr soya filizi

1 yeşil biber, şeritler halinde kesilmiş

2 adet taze soğan (yeşil soğan), doğranmış

15 ml / 1 yemek kaşığı pirinç şarabı veya sek şeri

tuz ve taze çekilmiş karabiber

2,5 ml / ¬Ω çay kaşığı susam yağı

50 gr füme jambon, doğranmış

İstiridyeleri iyice ovalayın ve birkaç saat tuzlu suda bekletin. Akan su altında durulayın. Bir tencere suyu kaynatın, istiridyeleri ekleyin ve açılıncaya kadar birkaç dakika pişirin. Açılmamış olanları boşaltın ve atın. İstiridyeleri kabuklarından çıkarın.

Yağı ısıtın ve fasulye filizlerini 1 dakika kızartın. Biber ve taze soğanı ekleyip 2 dakika kızartın. Şarap veya şeri ekleyin ve tuz ve karabiberle tatlandırın. Isıttıktan sonra istiridyeleri ekleyin ve iyice birleşip iyice ısıtılıncaya kadar karıştırın. Sıcak bir servis tabağına alıp üzerine susam yağı ve jambon serperek servis yapın.

4 kişi için

24 istiridye

15 ml / 1 yemek kaşığı yer fıstığı yağı

2 dilim zencefil kökü, doğranmış

2 diş sarımsak, ezilmiş

15 ml / 1 yemek kaşığı su

5 ml / 1 çay kaşığı susam yağı

tuz ve taze çekilmiş karabiber

İstiridyeleri iyice ovalayın ve birkaç saat tuzlu suda bekletin. Akan su altında durulayın. Yağı ısıtın ve zencefil ve sarımsağı 30 saniye kızartın. İstiridyeleri, suyu ve susam yağını ekleyin, kapağını kapatın ve istiridyeler açılıncaya kadar yaklaşık 5 dakika pişirin. Kapalı kalanları atın. Tuz ve karabiberle hafifçe tatlandırıp hemen servis yapın.

4 kişi için

24 istiridye

60 ml / 4 yemek kaşığı fıstık yağı

4 diş sarımsak, kıyılmış

1 soğan, doğranmış

2,5 ml / ¬Ω çay kaşığı tuz

İstiridyeleri iyice ovalayın ve birkaç saat tuzlu suda bekletin.
Akan su altında durulayın ve kurulayın. Yağı ısıtın ve sarımsak,
soğan ve tuzu yumuşayana kadar kızartın. İstiridyeleri ekleyin,
kapağını kapatın ve tüm kabuklar açılıncaya kadar yaklaşık 5
dakika pişirin. Kapalı kalanları atın. Yağla yağlayarak bir dakika
daha hafifçe kızartın.

Yengeç Kekleri

4 kişi için

225 gr fasulye filizi
60 ml / 4 yemek kaşığı yer fıstığı yağı (yer fıstığı) 100 g / 4 oz
bambu filizleri, şeritler halinde kesilmiş
1 soğan, doğranmış
225g yengeç eti, kuşbaşı
4 yumurta, hafifçe çırpılmış
15 ml / 1 yemek kaşığı mısır unu (mısır nişastası)
30 ml / 2 yemek kaşığı soya sosu
tuz ve taze çekilmiş karabiber

Fasulye filizlerini kaynar suda 4 dakika haşlayıp süzün. Yağın yarısını ısıtın ve fasulye filizlerini, bambu filizlerini ve soğanı yumuşayana kadar kızartın. Ocaktan alıp yağ hariç kalan malzemeleri ekleyip karıştırın. Kalan yağı temiz bir tavada ısıtın ve küçük kekler yapmak için yengeç eti karışımından kaşık dolusu kızartın. Her iki tarafı da hafifçe kızarana kadar kızartın ve hemen servis yapın.

Yengeç muhallebi

4 kişi için

225 gr yengeç eti

5 yumurta, dövülmüş

1 taze soğan (yeşil soğan), ince doğranmış

250 ml / 8 fl oz / 1 su bardağı su

5 ml / 1 çay kaşığı tuz

5 ml / 1 çay kaşığı susam yağı

Tüm malzemeleri iyice karıştırın. Bir kaseye yerleştirin, üzerini örtün ve sıcak su veya buharlı raf üzerinde çiftli kazanın üstüne koyun. Muhallebi kıvamına gelinceye kadar ara sıra karıştırarak yaklaşık 35 dakika buharda pişirin. Pirinçle servis yapın.

4 kişi için

450g/1lb Çin yaprağı, doğranmış

45 ml / 3 yemek kaşığı bitkisel yağ

2 adet taze soğan (yeşil soğan), doğranmış

225 gr yengeç eti

15 ml / 1 yemek kaşığı soya sosu

15 ml / 1 yemek kaşığı pirinç şarabı veya sek şeri

5 ml / 1 çay kaşığı tuz

Çin yapraklarını kaynar suda 2 dakika haşladıktan sonra dikkatlice süzüp soğuk suyla durulayın. Yağı ısıtın ve taze soğanları hafifçe kızarana kadar kızartın. Yengeç etini ekleyin ve 2 dakika karıştırarak kızartın. Çin yapraklarını ekleyin ve 4 dakika karıştırarak kızartın. Soya sosu, şarap veya şeri ve tuzu ekleyip iyice karıştırın. Et suyunu ve mısır ununu ekleyin, kaynatın ve sos hafifleşip koyulaşana kadar 2 dakika karıştırarak pişirin.

4 kişi için

6 yumurta, dövülmüş

45 ml / 3 yemek kaşığı mısır unu (mısır nişastası)

225 gr yengeç eti

100 gr soya filizi

2 adet taze soğan (yeşil soğan), ince doğranmış

2,5 ml / ¬Ω çay kaşığı tuz

45 ml / 3 yemek kaşığı fıstık yağı

Yumurtaları çırpın ve ardından mısır ununu ekleyin. Yağ hariç kalan malzemeleri karıştırın. Yağı ısıtın ve yaklaşık 7,5 cm çapında küçük krepler elde etmek için karışımı azar azar tavaya dökün. Alt tarafı altın rengi olana kadar kızartın, sonra çevirip diğer tarafını da kızartın.

Zencefil yengeç

4 kişi için

15 ml / 1 yemek kaşığı yer fıstığı yağı

2 dilim zencefil kökü, doğranmış

4 adet taze soğan (yeşil soğan), doğranmış

3 diş sarımsak, ezilmiş

1 kırmızı biber, doğranmış

350g yengeç eti, kuşbaşı

2,5 ml / ¬Ω çay kaşığı balık ezmesi

2,5 ml / ¬Ω çay kaşığı susam yağı

15 ml / 1 yemek kaşığı pirinç şarabı veya sek şeri

5 ml / 1 çay kaşığı mısır unu (mısır nişastası)

15 ml / 1 yemek kaşığı su

Yağı ısıtın ve zencefili, taze soğanı, sarımsağı ve kırmızı biberi 2 dakika kızartın. Yengeç etini ekleyin ve baharatlarla iyice kaplanana kadar karıştırın. Balık ezmesini karıştırın. Geri kalan malzemeleri macun kıvamına gelinceye kadar karıştırın, ardından tavaya alıp 1 dakika boyunca karıştırarak kızartın. Derhal servis yapın.

Yengeç Lo Mein

4 kişi için

100 gr soya filizi

30 ml / 2 yemek kaşığı fıstık yağı

5 ml / 1 çay kaşığı tuz

1 soğan, dilimlenmiş

100 gr mantar, dilimlenmiş

225g yengeç eti, kuşbaşı

100 g / 4 ons bambu filizleri, dilimlenmiş

Fırlatılmış Tagliatelle

30 ml / 2 yemek kaşığı soya sosu

5 ml / 1 çay kaşığı şeker

5 ml / 1 çay kaşığı susam yağı

tuz ve taze çekilmiş karabiber

Fasulye filizlerini kaynar suda 5 dakika haşlayıp süzün. Yağı ısıtın ve tuzu ve soğanı yumuşayana kadar kızartın. Mantarları ekleyip yumuşayıncaya kadar soteleyin. Yengeç etini ekleyin ve 2 dakika karıştırarak kızartın. Fasulye filizlerini ve bambu filizlerini ekleyip 1 dakika karıştırarak kavurun. Süzülen erişteleri tavaya ekleyin ve yavaşça fırlatın. Soya sosu, şeker ve susam yağını karıştırıp tuz ve karabiberle tatlandırın. Tamamen ısınana kadar tavada karıştırın.

4 kişi için

30 ml / 2 yemek kaşığı fıstık yağı

100 g / 4 oz kıyılmış domuz eti (öğütülmüş)

350g yengeç eti, kuşbaşı

2 dilim zencefil kökü, doğranmış

2 yumurta, hafifçe dövülmüş

15 ml / 1 yemek kaşığı soya sosu

15 ml / 1 yemek kaşığı pirinç şarabı veya sek şeri

30 ml / 2 yemek kaşığı su

tuz ve taze çekilmiş karabiber

4 adet taze soğan (yeşil soğan), şeritler halinde kesilmiş

Yağı ısıtın ve eti hafif renk alana kadar kızartın. Yengeç etini ve zencefili ekleyip 1 dakika karıştırarak kızartın. Yumurtaları dahil edin. Soya sosu, şarap veya şeri, su, tuz ve karabiberi ekleyin ve karıştırarak yaklaşık 4 dakika pişirin. Taze soğanla süsleyerek servis yapın.

4 kişi için

30 ml / 2 yemek kaşığı fıstık yağı

450g yengeç eti, kuşbaşı

2 adet taze soğan (yeşil soğan), doğranmış

2 dilim zencefil kökü, doğranmış

30 ml / 2 yemek kaşığı soya sosu

30 ml / 2 yemek kaşığı pirinç şarabı veya sek şeri

2,5 ml / ¬Ω çay kaşığı tuz

15 ml / 1 yemek kaşığı mısır unu (mısır nişastası)

60 ml / 4 yemek kaşığı su

Yağı ısıtın ve yengeç etini, taze soğanı ve zencefili 1 dakika soteleyin. Soya sosu, şarap veya şeri ve tuzu ekleyin, kapağını kapatın ve 3 dakika pişirin. Mısır unu ve suyu macun kıvamına gelinceye kadar karıştırın, tavaya alın ve sos hafifleşip koyulaşıncaya kadar karıştırarak pişirin.

Kızarmış mürekkep balığı köftesi

4 kişi için

450 gr mürekkepbalığı

50 gr domuz yağı, ezilmiş

1 yumurta beyazı

2,5 ml / ¬Ω çay kaşığı şeker

2,5 ml / ¬Ω çay kaşığı mısır unu (mısır nişastası)

tuz ve taze çekilmiş karabiber

kızartma yağı

Mürekkepbalığını kesin ve ezin veya posa haline getirin. Domuz yağı, yumurta akı, şeker ve mısır ununu karıştırıp tuz ve karabiberle tatlandırın. Karışımı toplara bastırın. Yağı ısıtın ve gerekirse mürekkepbalığı toplarını, yağın üzerinde yüzüp altın rengine dönene kadar gruplar halinde kızartın. İyicc süzün ve hemen servis yapın.

Istakoz Kanton

4 kişi için

2 ıstakoz

30 ml / 2 yemek kaşığı sıvı yağ

15 ml / 1 yemek kaşığı siyah fasulye sosu

1 diş sarımsak, ezilmiş

1 soğan, doğranmış

225 g / 8 oz doğranmış domuz eti (öğütülmüş)

45 ml / 3 yemek kaşığı soya sosu

5 ml / 1 çay kaşığı şeker

tuz ve taze çekilmiş karabiber

15 ml / 1 yemek kaşığı mısır unu (mısır nişastası)

75 ml / 5 yemek kaşığı su

1 yumurta, dövülmüş

Istakozları kırın, eti çıkarın ve 2,5 cm'lik küpler halinde kesin, yağı ısıtın ve siyah fasulye sosunu, sarımsağı ve soğanı hafifçe kızarana kadar kızartın. Domuz eti ekleyin ve altın kahverengi olana kadar kızartın. Soya sosunu, şekeri, tuzu, karabiberi ve ıstakozu ekleyin, kapağını kapatın ve yaklaşık 10 dakika pişirin. Mısır unu ve suyu bir macun haline getirin, tavaya alın ve sos hafifleşip koyulaşana kadar karıştırarak pişirin. Servis yapmadan önce ateşi kapatın ve yumurtayı ekleyip karıştırın.

4 kişi için

450g / 1lb ıstakoz eti

30 ml / 2 yemek kaşığı soya sosu

5 ml / 1 çay kaşığı şeker

1 yumurta, dövülmüş

30 ml / 3 yemek kaşığı sade un (çok amaçlı)

kızartma yağı

Istakoz etini 2,5 cm / 1 küp şeklinde kesin ve soya sosu ve şekerle tatlandırın. 15 dakika dinlenmeye bırakın ve ardından süzün. Yumurtayı ve unu çırpın, ardından ıstakozu ekleyin ve kaplamak için iyice karıştırın. Yağı ısıtın ve ıstakozu altın rengi kahverengi olana kadar kızartın. Servis yapmadan önce emici kağıt üzerine boşaltın.

Jambonlu buğulanmış ıstakoz

4 kişi için

4 yumurta, hafifçe çırpılmış

60 ml / 4 yemek kaşığı su

5 ml / 1 çay kaşığı tuz

15 ml / 1 yemek kaşığı soya sosu

450g / 1lb ıstakoz eti, kuşbaşı

15 ml / 1 yemek kaşığı kıyılmış füme jambon

15 ml / 1 yemek kaşığı kıyılmış taze maydanoz

Yumurtaları su, tuz ve soya sosuyla çırpın. Fırına dayanıklı bir kaseye dökün ve üzerine ıstakoz eti serpin. Kaseyi buharlı pişiricideki rafa yerleştirin, üzerini örtün ve yumurtalar sertleşene kadar 20 dakika boyunca buharda pişirin. Jambon ve maydanozla süsleyerek servis yapın.

Mantarlı Istakoz

4 kişi için

450g / 1lb ıstakoz eti

15 ml / 1 yemek kaşığı mısır unu (mısır nişastası)

60 ml / 4 yemek kaşığı su

30 ml / 2 yemek kaşığı fıstık yağı

4 taze soğan (yeşil soğan), kalın dilimler halinde kesilmiş

100 gr mantar, dilimlenmiş

2,5 ml / ¬Ω çay kaşığı tuz

1 diş sarımsak, ezilmiş

30 ml / 2 yemek kaşığı soya sosu

15 ml / 1 yemek kaşığı pirinç şarabı veya sek şeri

Istakoz etini 2,5 cm/1 inç küpler halinde kesin. Mısır unu ve suyu macun kıvamına gelinceye kadar karıştırın ve ıstakoz küplerini kaplayacak şekilde karışıma ekleyin. Yağın yarısını ısıtın ve ıstakoz küplerini hafifçe kızarıncaya kadar kızartın ve tavadan çıkarın. Kalan yağı ısıtıp taze soğanları hafif pembeleşene kadar kavurun. Mantarları ekleyip 3 dakika karıştırarak kavurun. Tuzu, sarımsağı, soya sosunu ve şarabı veya şeri ekleyin ve 2 dakika karıştırarak kızartın. Istakozu tekrar tavaya alın ve iyice ısınana kadar karıştırarak kızartın.

4 kişi için

3 kurutulmuş Çin mantarı

4 ıstakoz kuyruğu

60 ml / 4 yemek kaşığı fıstık yağı

100 g / 4 oz kıyılmış domuz eti (öğütülmüş)

50 gr su kestanesi, ince doğranmış

tuz ve taze çekilmiş karabiber

2 diş sarımsak, ezilmiş

45 ml / 3 yemek kaşığı soya sosu

30 ml / 2 yemek kaşığı pirinç şarabı veya sek şeri

30 ml / 2 yemek kaşığı siyah fasulye sosu

10 ml / 2 yemek kaşığı mısır unu (mısır nişastası)

120 ml / 4 fl oz / ¬Ω bardak su

Mantarları ılık suda 30 dakika bekletin, sonra süzün. Saplarını çıkarın ve kapaklarını doğrayın. Istakoz kuyruklarını uzunlamasına ikiye bölün. Kabukları saklayarak ıstakoz kuyruklarından eti çıkarın. Yağın yarısını ısıtın ve eti rengi hafif dönene kadar kızartın. Ateşten alıp mantarları, ıstakoz etini, kestane suyunu, tuzu ve karabiberi ekleyin. Eti ıstakoz kabuklarına bastırın ve bir fırın tepsisine yerleştirin. Buharlı pişiricideki bir rafa yerleştirin, üzerini örtün ve pişene kadar yaklaşık 20 dakika buharda pişirin. Bu arada kalan yağı ısıtın ve sarımsak, soya sosu, şarap veya şeri ve siyah fasulye sosunu 2 dakika soteleyin. Mısır unu ve suyu macun kıvamına gelinceye kadar karıştırın, tavaya alın ve sos koyulaşıncaya kadar karıştırarak pişirin. İstakozu sıcak bir servis tabağına dizin, üzerine sosu dökün ve hemen servis yapın.

4 kişi için

450g / 1lb ıstakoz kuyrukları

30 ml / 2 yemek kaşığı fıstık yağı

1 diş sarımsak, ezilmiş

2,5 ml / ¬Ω çay kaşığı tuz

350 gr soya filizi

50 gr şampanya mantarı

4 taze soğan (yeşil soğan), kalın dilimler halinde kesilmiş

150 ml / ¬° pt / cömert ¬Ω bardak tavuk suyu

15 ml / 1 yemek kaşığı mısır unu (mısır nişastası)

Bir tencerede suyu kaynatın, ıstakoz kuyruklarını ekleyin ve 1 dakika kaynatın. Süzün, soğutun, kabuğunu çıkarın ve kalın dilimler halinde kesin. Yağı sarımsak ve tuzla ısıtın ve sarımsak hafif altın rengi olana kadar kızartın. Istakozu ekleyin ve 1 dakika karıştırarak kızartın. Fasulye filizlerini ve mantarları ekleyip 1 dakika karıştırarak kavurun. Taze soğanları karıştırın. Et suyunun çoğunu ekleyin, kaynatın, üzerini örtün ve 3 dakika pişirin. Mısır ununu kalan et suyuyla karıştırın, tavaya alın ve sos hafifleşip koyulaşana kadar karıştırarak pişirin.

4 kişi için

30 ml / 2 yemek kaşığı fıstık yağı

5 ml / 1 çay kaşığı tuz

1 soğan, ince dilimlenmiş

100 gr mantar, dilimlenmiş

100 gr bambu filizi, 225 gr dilimlenmiş pişmiş ıstakoz eti

15 ml / 1 yemek kaşığı pirinç şarabı veya sek şeri

120 ml / 4 fl oz / ¬Ω bardak tavuk suyu

bir tutam taze çekilmiş biber

10 ml / 2 çay kaşığı mısır unu (mısır nişastası)

15 ml / 1 yemek kaşığı su

4 erişte sepeti

Yağı ısıtın ve tuzu ve soğanı yumuşayana kadar kızartın. Mantarları ve bambu filizlerini ekleyin ve 2 dakika karıştırarak kızartın. Istakoz etini, şarabı veya şeri ve et suyunu ekleyin, kaynatın, üzerini örtün ve 2 dakika pişirin. Biberle tatlandırın. Mısır unu ve suyu macun kıvamına gelinceye kadar karıştırın, tavaya alın ve sos koyulaşıncaya kadar karıştırarak pişirin. Makarna yuvalarını sıcak bir servis tabağına yerleştirin ve tavada kızartılmış ıstakozla süsleyin.

4 kişi için

45 ml / 3 yemek kaşığı fıstık yağı

2 diş sarımsak, ezilmiş

2 dilim zencefil kökü, doğranmış

30 ml / 2 yemek kaşığı siyah fasulye sosu

15 ml / 1 yemek kaşığı soya sosu

1,5kg/3lb midye, ovuşturulmuş ve sakallı

2 adet taze soğan (yeşil soğan), doğranmış

Yağı ısıtın ve sarımsak ve zencefili 30 saniye kızartın. Siyah fasulye sosunu ve soya sosunu ekleyip 10 saniye karıştırarak kavurun. Midyeleri ekleyin, kapağını kapatın ve midyeler açılıncaya kadar yaklaşık 6 dakika pişirin. Kapalı kalanları atın. Sıcak bir servis tabağına alıp üzerine taze soğan serperek servis yapın.

4 kişi için

45 ml / 3 yemek kaşığı fıstık yağı

2 diş sarımsak, ezilmiş

4 dilim zencefil kökü, doğranmış

1,5kg/3lb midye, ovuşturulmuş ve sakallı

45 ml / 3 yemek kaşığı su

15 ml / 1 yemek kaşığı istiridye sosu

Yağı ısıtın ve sarımsak ve zencefili 30 saniye kızartın. Midyeleri ve suyu ekleyip kapağını kapatın ve midyeler açılıncaya kadar yaklaşık 6 dakika pişirin. Kapalı kalanları atın. Sıcak bir servis tabağına aktarın ve üzerine istiridye sosu gezdirerek servis yapın.

4 kişi için

1,5kg/3lb midye, ovuşturulmuş ve sakallı
45 ml / 3 yemek kaşığı soya sosu
3 adet taze soğan (yeşil soğan), ince doğranmış

Midyeleri buharlı pişiricideki bir rafa yerleştirin, üzerini kapatın ve tüm midyeler açılıncaya kadar yaklaşık 10 dakika boyunca kaynar suyun üzerinde buharda pişirin. Kapalı kalanları atın. Sıcak servis tabağına alıp üzerine soya sosu ve taze soğan serperek servis yapın.

Kızarmış istiridyeler

4 kişi için

24 istiridye, kabuğu soyulmuş

tuz ve taze çekilmiş karabiber

1 yumurta, dövülmüş

50 g / 2 oz / ¬Ω bardak sade un (çok amaçlı)

250 ml / 8 fl oz / 1 su bardağı su

kızartma yağı

4 adet taze soğan (yeşil soğan), doğranmış

İstiridyelere tuz ve karabiber serpin. Yumurtayı un ve suyla bir hamur elde edene kadar çırpın ve istiridyeleri kaplamak için kullanın. Yağı ısıtın ve istiridyeleri altın rengi kahverengi olana kadar kızartın. Emici kağıt üzerine boşaltın ve taze soğanla süsleyerek servis yapın.

4 kişi için

175 gr pastırma

24 istiridye, kabuğu soyulmuş

1 yumurta, hafifçe çırpılmış

15 ml / 1 yemek kaşığı su

45 ml / 3 yemek kaşığı fıstık yağı

2 soğan, doğranmış

15 ml / 1 yemek kaşığı mısır unu (mısır nişastası)

15 ml / 1 yemek kaşığı soya sosu

90 ml / 6 yemek kaşığı tavuk suyu

Pastırmayı parçalara ayırın ve her istiridyenin etrafına bir parça sarın. Yumurtayı suyla çırpın ve kaplamak için istiridyelere batırın. Yağın yarısını ısıtın ve istiridyeleri her iki tarafı da hafifçe kızarana kadar kızartın, ardından tavadan çıkarın ve yağı boşaltın. Kalan yağı ısıtın ve soğanları yumuşayana kadar kızartın. Mısır unu, soya sosu ve et suyunu bir macun kıvamına gelinceye kadar karıştırın, tavaya dökün ve sos hafifleşip koyulaşana kadar karıştırarak pişirin. İstiridyelerin üzerine dökün ve hemen servis yapın.

Zencefil ile kızarmış istiridye

4 kişi için

24 istiridye, kabuğu soyulmuş

2 dilim zencefil kökü, doğranmış

30 ml / 2 yemek kaşığı soya sosu

15 ml / 1 yemek kaşığı pirinç şarabı veya sek şeri

4 adet taze soğan (yeşil soğan), şeritler halinde kesilmiş

100 gr pastırma

1 yumurta

50 g / 2 oz / ¬Ω bardak sade un (çok amaçlı)

tuz ve taze çekilmiş karabiber

kızartma yağı

1 limon, dilimler halinde kesilmiş

İstiridyeleri zencefil, soya sosu ve şarap veya şeri ile birlikte bir kaseye koyun ve kaplayacak şekilde iyice karıştırın. 30 dakika dinlenmeye bırakın. Her istiridyenin üzerine birkaç dilim taze soğan koyun. Pastırmayı parçalara ayırın ve her istiridyenin etrafına bir parça sarın. Yumurtayı ve unu pürüzsüz olana kadar çırpın, tuz ve karabiberle tatlandırın. İstiridyeleri iyice kaplanıncaya kadar hamurun içine batırın. Yağı ısıtın ve istiridyeleri altın rengi kahverengi olana kadar kızartın. Limon dilimleriyle süsleyerek servis yapın.

4 kişi için

350 g / 12 ons kabuğu soyulmuş istiridye

120 ml / 4 fl oz / ¬Ω bardak fıstık yağı

2 diş sarımsak, ezilmiş

3 adet taze soğan (yeşil soğan), dilimlenmiş

15 ml / 1 yemek kaşığı siyah fasulye sosu

30 ml / 2 yemek kaşığı koyu soya sosu

15 ml / 1 yemek kaşığı susam yağı

bir tutam toz biber

İstiridyeleri kaynar suda 30 saniye haşlayıp süzün. Yağı ısıtın ve sarımsakları ve taze soğanları 30 saniye kızartın. Siyah fasulye sosunu, soya sosunu, susam yağını ve istiridyeyi ekleyin ve biber tozuyla tatlandırın. Isınana kadar karıştırarak kızartın ve hemen servis yapın.

4 kişi için

60 ml / 4 yemek kaşığı fıstık yağı

6 adet taze soğan (yeşil soğan), doğranmış

225 gr mantar, dörde bölünmüş

15 ml / 1 yemek kaşığı şeker

450 g / 1 lb kabuklu deniz tarağı

2 dilim zencefil kökü, doğranmış

225 g / 8 ons bambu filizleri, dilimlenmiş

tuz ve taze çekilmiş karabiber

300 ml / ¬Ω pt / 1 ¬° bardak su

30 ml / 2 yemek kaşığı şarap sirkesi

30 ml / 2 yemek kaşığı mısır unu (mısır nişastası)

150 ml / ¬° pt / bol ¬Ω bardak su

45 ml / 3 yemek kaşığı soya sosu

Yağı ısıtın ve taze soğanları ve mantarları 2 dakika kızartın. Şekeri, deniz tarağını, zencefili, bambu filizlerini, tuzu ve karabiberi ekleyin, kapağını kapatın ve 5 dakika pişirin. Suyu ve şarap sirkesini ekleyin, kaynatın, kapağını kapatın ve 5 dakika pişirin. Mısır unu ve suyu bir macun haline getirin, tavaya alın ve sos koyulaşıncaya kadar karıştırarak pişirin. Soya sosuyla tatlandırıp servis yapın.

Yumurta tarakları

4 kişi için

45 ml / 3 yemek kaşığı fıstık yağı

350 gr kabuklu deniz tarağı

25 gr füme jambon, doğranmış

30 ml / 2 yemek kaşığı pirinç şarabı veya sek şeri

5 ml / 1 çay kaşığı şeker

2,5 ml / ¬Ω çay kaşığı tuz

bir tutam taze çekilmiş biber

2 yumurta, hafifçe dövülmüş

15 ml / 1 yemek kaşığı soya sosu

Yağı ısıtın ve tarakları 30 saniye boyunca tavada kızartın. Jambonu ekleyin ve 1 dakika karıştırarak kızartın. Şarap veya şeri, şeker, tuz ve karabiberi ekleyip 1 dakika karıştırarak kızartın. Yumurtaları ekleyin ve malzemeler yumurtayla iyice kaplanana kadar yüksek ateşte yavaşça karıştırın. Üzerine soya sosu serperek servis yapın.

Brokoli ile tarak

4 kişi için

350 gr deniz tarağı, dilimlenmiş

3 dilim zencefil kökü, doğranmış

¬Ω küçük havuç, dilimlenmiş

1 diş sarımsak, ezilmiş

45 ml / 3 yemek kaşığı sade un (çok amaçlı)

2,5 ml / ¬Ω çay kaşığı sodyum bikarbonat (sodyum bikarbonat)

30 ml / 2 yemek kaşığı fıstık yağı

15 ml / 1 yemek kaşığı su

1 muz, dilimlenmiş

kızartma yağı

275 gr brokoli

tuz

5 ml / 1 çay kaşığı susam yağı

2,5 ml / ¬Ω çay kaşığı biber sosu

2,5 ml / ¬Ω çay kaşığı şarap sirkesi

2,5 ml / ¬Ω çay kaşığı domates püresi√ © e (makarna)

Deniz taraklarını zencefil, havuç ve sarımsakla karıştırıp dinlenmeye bırakın. Unu, bikarbonatı, 15ml/1 yemek kaşığı yağı ve suyu bir macun haline gelinceye kadar karıştırın ve muz dilimlerini kaplamak için kullanın. Yağı ısıtın ve muzu altın rengi kahverengi olana kadar kızartın, ardından süzün ve sıcak bir servis tabağının etrafına dizin. Bu arada brokolileri kaynar tuzlu suda yumuşayana kadar pişirin, ardından süzün. Kalan yağı susam yağıyla ısıtıp brokolileri kısa süre kızartın, ardından muzlarla birlikte tabağın etrafına dizin. Tavaya biber sosunu, şarap sirkesini ve domates salçasını ekleyin ve deniz taraklarını pişene kadar kızartın. Servis tabağına alıp hemen servis yapın.

Zencefil ile tarak

4 kişi için

45 ml / 3 yemek kaşığı fıstık yağı

2,5 ml / ¬Ω çay kaşığı tuz

3 dilim zencefil kökü, doğranmış

2 adet taze soğan (yeşil soğan), kalın dilimler halinde kesilmiş

450g/1lb kabuklu deniz tarağı, yarıya bölünmüş

15 ml / 1 yemek kaşığı mısır unu (mısır nişastası)

60 ml / 4 yemek kaşığı su

Yağı ısıtın ve tuzu ve zencefili 30 saniye kızartın. Taze soğanları ekleyip hafif pembeleşinceye kadar soteleyin. Deniz taraklarını ekleyin ve 3 dakika karıştırarak kızartın. Mısır ununu ve suyu macun kıvamına gelinceye kadar karıştırın, tavaya ekleyin ve koyulaşana kadar karıştırarak pişirin. Derhal servis yapın.

Jambonlu tarak

4 kişi için

450g/1lb kabuklu deniz tarağı, yarıya bölünmüş

250 ml / 8 fl oz / 1 bardak pirinç şarabı veya sek şeri

1 soğan, ince doğranmış

2 dilim zencefil kökü, doğranmış

2,5 ml / ¬Ω çay kaşığı tuz

100 gr füme jambon, doğranmış

Deniz taraklarını bir kaseye koyun ve şarap veya şeri ekleyin. Örtün ve ara sıra çevirerek 30 dakika marine edilmeye bırakın, ardından tarakları süzün ve turşuyu atın. Deniz taraklarını kalan malzemelerle birlikte bir fırın kabına yerleştirin. Çanağı buharlı pişiricideki bir rafa yerleştirin, üzerini kapatın ve taraklar yumuşayana kadar yaklaşık 6 dakika kaynar su üzerinde buharda pişirin.

Otlar ile karıştırılmış tarak

4 kişi için

225 gr kabuklu deniz tarağı

30 ml / 2 yemek kaşığı doğranmış taze kişniş

4 çırpılmış yumurta
15 ml / 1 yemek kaşığı pirinç şarabı veya sek şeri
tuz ve taze çekilmiş karabiber
15 ml / 1 yemek kaşığı yer fıstığı yağı

Deniz taraklarını buharlı pişiriciye yerleştirin ve boyutuna bağlı olarak pişene kadar yaklaşık 3 dakika buharda pişirin. Buharlı pişiriciden çıkarın ve üzerine kişniş serpin. Yumurtaları şarap veya şeri ile çırpın ve tuz ve karabiberle tatlandırın. Deniz tarağı ve kişnişleri karıştırın. Yağı ısıtın ve yumurta ve deniz tarağı karışımını, yumurtalar sertleşene kadar sürekli karıştırarak kızartın. Derhal servis yapın.

Bir tavada sotelenmiş deniz tarağı ve soğan

4 kişi için

45 ml / 3 yemek kaşığı fıstık yağı
1 soğan, dilimlenmiş

450 gr kabuklu deniz tarağı, dörde bölünmüş

tuz ve taze çekilmiş karabiber

15 ml / 1 yemek kaşığı pirinç şarabı veya sek şeri

Yağı ısıtın ve soğanı yumuşayana kadar kızartın. Köfteleri ekleyip hafif rengi dönene kadar kavurun. Tuz ve karabiberle tatlandırın, üzerine şarap veya şeri gezdirin ve hemen servis yapın.

Sebzeli tarak

4 kişilik 6

4 kurutulmuş Çin mantarı

2 soğan

30 ml / 2 yemek kaşığı fıstık yağı

3 kereviz çubuğu çapraz kesilmiş

225 gr yeşil fasulye, çapraz dilimlenmiş

10 ml / 2 çay kaşığı rendelenmiş zencefil kökü

1 diş sarımsak, ezilmiş

20 ml / 4 çay kaşığı mısır unu (mısır nişastası)

250 ml / 8 fl oz / 1 su bardağı tavuk suyu

30 ml / 2 yemek kaşığı pirinç şarabı veya sek şeri

30 ml / 2 yemek kaşığı soya sosu

450 gr kabuklu deniz tarağı, dörde bölünmüş

6 adet taze soğan (yeşil soğan), dilimlenmiş

425 g / 15 oz konserve mısır koçanı

Mantarları ılık suda 30 dakika bekletin, sonra süzün. Saplarını çıkarın ve kapaklarını dilimleyin. Soğanları dilimler halinde kesin ve katmanları ayırın. Yağı ısıtın ve soğanı, kerevizi, fasulyeyi, zencefili ve sarımsağı 3 dakika soteleyin. Mısır ununu biraz et suyuyla karıştırın, ardından kalan et suyunu, şarabı veya şeri ve soya sosunu ilave ederek karıştırın. Wok'a ekleyin ve karıştırarak kaynatın. Mantarları, deniz tarağını, taze soğanı ve mısırı ekleyin ve deniz tarağı yumuşayana kadar yaklaşık 5 dakika karıştırarak kızartın.

Biberli tarak

4 kişi için

30 ml / 2 yemek kaşığı fıstık yağı

3 taze soğan (yeşil soğan), doğranmış

1 diş sarımsak, ezilmiş

2 dilim zencefil kökü, doğranmış

2 kırmızı biber, doğranmış

450 g / 1 lb kabuklu deniz tarağı

30 ml / 2 yemek kaşığı pirinç şarabı veya sek şeri

15 ml / 1 yemek kaşığı soya sosu

15 ml / 1 yemek kaşığı sarı fasulye sosu

5 ml / 1 çay kaşığı şeker

5 ml / 1 çay kaşığı susam yağı

Yağı ısıtın ve taze soğanı, sarımsağı ve zencefili 30 saniye soteleyin. Biberleri ekleyip 1 dakika karıştırarak kavurun. Deniz tarağını ekleyin ve 30 saniye karıştırarak kızartın, ardından kalan malzemeleri ekleyin ve taraklar yumuşayana kadar yaklaşık 3 dakika pişirin.

Fasulye filizli kalamar

4 kişi için

450 gr kalamar

30 ml / 2 yemek kaşığı fıstık yağı

15 ml / 1 yemek kaşığı pirinç şarabı veya sek şeri

100 gr soya filizi

15 ml / 1 yemek kaşığı soya sosu

tuz

1 kırmızı biber, doğranmış

2 dilim zencefil kökü, doğranmış

2 adet taze soğan (arpacık), doğranmış

Kalamarın kafasını, bağırsaklarını ve zarını çıkarın ve büyük parçalar halinde kesin. Her parçaya çapraz bir desen kesin. Bir tencereye suyu kaynatın, kalamar ekleyin ve parçalar kıvrılıncaya kadar pişirin, ardından çıkarın ve süzün. Yağın yarısını ısıtıp kalamarları hızlıca soteleyin. Şarap veya şeri serpin. Bu arada kalan yağı ısıtın ve fasulye filizlerini yumuşayana kadar kızartın. Soya sosu ve tuzla tatlandırın. Servis tabağına biber, zencefil ve taze soğanı dizin. Fasulye filizlerini ortasına dizin ve kalamarla süsleyin. Derhal servis yapın.

Kızarmış kalamar

4 kişi için

50 gr sade un (çok amaçlı)

25 g / 1 oz / ¬° bardak mısır unu (mısır nişastası)

2,5 ml / ¬Ω çay kaşığı kabartma tozu

2,5 ml / ¬Ω çay kaşığı tuz

1 yumurta

75 ml / 5 yemek kaşığı su

15 ml / 1 yemek kaşığı yer fıstığı yağı

450 gr kalamar, halkalar halinde kesilmiş

kızartma yağı

Un, mısır nişastası, kabartma tozu, tuz, yumurta, su ve yağı birlikte karıştırarak bir hamur oluşturun. Kalamarları iyice kaplanıncaya kadar hamurun içine batırın. Yağı ısıtın ve kalamarları altın rengi kahverengi olana kadar birkaç parça halinde kızartın. Servis yapmadan önce emici kağıt üzerine boşaltın.

4 kişi için

8 kurutulmuş Çin mantarı

450 gr kalamar

100 g / 4 oz füme jambon

100 gr tofu

1 yumurta, dövülmüş

15 ml / 1 yemek kaşığı sade un (çok amaçlı)

2,5 ml / ¬Ω çay kaşığı şeker

2,5 ml / ¬Ω çay kaşığı susam yağı

tuz ve taze çekilmiş karabiber

8 wonton görünümü

kızartma yağı

Mantarları ılık suda 30 dakika bekletin, sonra süzün. Sapları çıkarın. Kalamarları soyun ve 8 parçaya bölün. Jambonu ve tofuyu 8 parçaya bölün. Hepsini bir kaseye koyun. Yumurtayı un, şeker, susam yağı, tuz ve karabiberle karıştırın. Malzemeleri kaseye dökün ve yavaşça karıştırın. Her wonton kabuğunun ortasının hemen altına bir mantar kapağı ve birer kalamar, jambon ve tofu parçası yerleştirin. Alt köşeyi katlayın, yanları katlayın, sonra yukarı doğru yuvarlayın, kenarları su ile nemlendirerek sızdırmaz hale getirin. Yağı ısıtın ve paketleri

altın rengi kahverengi olana kadar yaklaşık 8 dakika kızartın.
Servis yapmadan önce iyice süzün.

Kızarmış Kalamar Ruloları

4 kişi için

45 ml / 3 yemek kaşığı fıstık yağı

225 g / 8 oz kalamar halkaları

1 büyük yeşil biber, parçalar halinde kesilmiş

100 g / 4 ons bambu filizleri, dilimlenmiş

2 adet taze soğan (yeşil soğan), ince doğranmış

1 dilim zencefil kökü, ince doğranmış

45 ml / 2 yemek kaşığı soya sosu

30 ml / 2 yemek kaşığı pirinç şarabı veya sek şeri

15 ml / 1 yemek kaşığı mısır unu (mısır nişastası)

15 ml / 1 yemek kaşığı balık suyu veya su

5 ml / 1 çay kaşığı şeker

5 ml / 1 çay kaşığı şarap sirkesi

5 ml / 1 çay kaşığı susam yağı

tuz ve taze çekilmiş karabiber

15ml/1 yemek kaşığı yağı ısıtın ve kalamar halkalarını iyice kapanıncaya kadar hızla kızartın. Bu arada kalan yağı ayrı bir tavada ısıtın ve dolmalık biberi, bambu filizlerini, taze soğanı ve zencefili 2 dakika kızartın. Kalamarları ekleyip 1 dakika karıştırarak kavurun. Soya sosu, şarap veya şeri, mısır unu, et suyu, şeker, şarap sirkesi ve susam yağını ekleyin ve tuz ve

karabiberle tatlandırın. Sos hafifleşip kalınlaşana kadar
karıştırarak kızartın.

Tavada kızartılmış kalamar

4 kişi için

45 ml / 3 yemek kaşığı fıstık yağı

3 taze soğan (yeşil soğan), kalın dilimler halinde kesilmiş

2 dilim zencefil kökü, doğranmış

450 gr kalamar, parçalara ayrılmış

15 ml / 1 yemek kaşığı soya sosu

15 ml / 1 yemek kaşığı pirinç şarabı veya sek şeri

5 ml / 1 çay kaşığı mısır unu (mısır nişastası)

15 ml / 1 yemek kaşığı su

Yağı ısıtın ve taze soğanı ve zencefili yumuşayana kadar kızartın. Kalamarları ekleyin ve yağla kaplanana kadar karıştırarak kızartın. Soya sosunu ve şarabı veya şeri ekleyin, üzerini örtün ve 2 dakika pişirin. Mısır unu ve suyu macun kıvamına gelinceye kadar karıştırın, tavaya ekleyin ve sos koyulaşıp kalamar yumuşayana kadar karıştırarak pişirin.

4 kişi için

50 g / 2 ons kurutulmuş Çin mantarları

450g / 1lb kalamar halkaları

45 ml / 3 yemek kaşığı fıstık yağı

45 ml / 3 yemek kaşığı soya sosu

2 adet taze soğan (yeşil soğan), ince doğranmış

1 dilim zencefil kökü, doğranmış

225 g / 8 oz bambu filizleri, şeritler halinde kesilmiş

30 ml / 2 yemek kaşığı mısır unu (mısır nişastası)

150 ml / ¬° pt / cömert ¬Ω bardak balık suyu

Mantarları ılık suda 30 dakika bekletin, sonra süzün. Saplarını atın ve kapaklarını dilimleyin. Kalamar halkalarını kaynar suda birkaç saniye haşlayın. Yağı ısıtın, ardından mantarları, soya sosunu, taze soğanı ve zencefili ekleyip 2 dakika karıştırarak kızartın. Kalamar ve bambu filizlerini ekleyin ve 2 dakika karıştırarak kızartın. Mısır unu ve et suyunu karıştırıp tavaya dökün. Sos hafifleşip koyulaşana kadar karıştırarak pişirin.

4 kişi için

45 ml / 3 yemek kaşığı fıstık yağı

1 soğan, dilimlenmiş

5 ml / 1 çay kaşığı tuz

450 gr kalamar, parçalara ayrılmış

100 g / 4 ons bambu filizleri, dilimlenmiş

2 sap kereviz, çapraz kesilmiş

60 ml / 4 yemek kaşığı tavuk suyu

5 ml / 1 çay kaşığı şeker

100 g / 4 oz mangetout (bezelye)

5 ml / 1 çay kaşığı mısır unu (mısır nişastası)

15 ml / 1 yemek kaşığı su

Yağı ısıtın ve soğanı ve tuzu hafifçe kızarana kadar kızartın. Kalamarları ekleyin ve yağla kaplanana kadar kızartın. Bambu filizlerini ve kerevizi ekleyip 3 dakika karıştırarak kızartın. Et suyunu ve şekeri ekleyin, kaynatın, kapağını kapatın ve sebzeler yumuşayana kadar 3 dakika pişirin. Kar bezelyesini karıştırın. Mısır unu ve suyu macun kıvamına gelinceye kadar karıştırın, tavaya alın ve sos koyulaşıncaya kadar karıştırarak pişirin.

Anasonla kızartılmış dana eti

4 kişi için

30 ml / 2 yemek kaşığı fıstık yağı

450 g / 1 lb ayna bifteği

1 diş sarımsak, ezilmiş

45 ml / 3 yemek kaşığı soya sosu

15 ml / 1 yemek kaşığı su

15 ml / 1 yemek kaşığı pirinç şarabı veya sek şeri

5 ml / 1 çay kaşığı tuz

5 ml / 1 çay kaşığı şeker

2 diş yıldız anason

Yağı ısıtın ve eti her tarafı altın rengi kahverengi olana kadar kızartın. Kalan malzemeleri ekleyin, kaynatın, üzerini örtün ve yaklaşık 45 dakika pişirin, ardından eti çevirin, eğer et kuruysa biraz daha su ve soya sosu ekleyin. Etler yumuşayıncaya kadar 45 dakika daha pişirin. Servis yapmadan önce yıldız anasonu çıkarın.

Kuşkonmazlı Dana Eti

4 kişi için

450 gr dana but, doğranmış

30 ml / 2 yemek kaşığı soya sosu

30 ml / 2 yemek kaşığı pirinç şarabı veya sek şeri

45 ml / 3 yemek kaşığı mısır unu (mısır nişastası)

45 ml / 3 yemek kaşığı fıstık yağı

5 ml / 1 çay kaşığı tuz

1 diş sarımsak, ezilmiş

350 g / 12 oz kuşkonmaz uçları

120 ml / 4 fl oz / ¬Ω bardak tavuk suyu

15 ml / 1 yemek kaşığı soya sosu

Biftekleri bir kaseye yerleştirin. Soya sosu, şarap veya şeri ve 30ml/2 yemek kaşığı mısır ununu karıştırın, bifteğin üzerine dökün ve iyice karıştırın. 30 dakika marine etmeye bırakın. Yağı tuz ve sarımsakla ısıtın ve sarımsaklar hafifçe kızarana kadar kızartın. Eti ve turşuyu ekleyin ve 4 dakika karıştırarak kızartın. Kuşkonmazı ekleyip 2 dakika soteleyin. Et suyunu ve soya sosunu ekleyin, kaynatın ve et pişene kadar 3 dakika karıştırarak pişirin. Geriye kalan mısır ununu biraz daha su veya et suyuyla karıştırıp sosun içine karıştırın. Sos hafifleşip koyulaşana kadar birkaç dakika karıştırarak pişirin.

4 kişi için

45 ml / 3 yemek kaşığı fıstık yağı

1 diş sarımsak, ezilmiş

1 taze soğan (yeşil soğan), doğranmış

1 dilim zencefil kökü, doğranmış

225 gr yağsız sığır eti, şeritler halinde kesilmiş

100 g / 4 ons bambu filizleri

45 ml / 3 yemek kaşığı soya sosu

15 ml / 1 yemek kaşığı pirinç şarabı veya sek şeri

5 ml / 1 çay kaşığı mısır unu (mısır nişastası)

Yağı ısıtın ve sarımsak, taze soğan ve zencefili hafifçe kızarana kadar kızartın. Sığır eti ekleyin ve hafifçe kızarana kadar 4 dakika karıştırarak kızartın. Bambu filizlerini ekleyin ve 3 dakika karıştırarak kızartın. Soya sosu, şarap veya şeri ve mısır ununu ekleyin ve 4 dakika boyunca karıştırarak kızartın.

Bambu filizi ve mantarlı dana eti

4 kişi için

225 gr yağsız dana eti

45 ml / 3 yemek kaşığı fıstık yağı

1 dilim zencefil kökü, doğranmış

100 g / 4 ons bambu filizleri, dilimlenmiş

100 gr mantar, dilimlenmiş

45 ml / 3 yemek kaşığı pirinç şarabı veya sek şeri

5 ml / 1 çay kaşığı şeker

10 ml / 2 çay kaşığı soya sosu

tuz ve biber

120 ml / 4 fl oz / ¬Ω bardak et suyu

15 ml / 1 yemek kaşığı mısır unu (mısır nişastası)

30 ml / 2 yemek kaşığı su

Eti tahıllara karşı ince bir şekilde dilimleyin. Yağı ısıtın ve zencefili birkaç saniye kızartın. Sığır eti ekleyin ve kızarana kadar karıştırarak kızartın. Bambu filizlerini ve mantarları ekleyip 1 dakika karıştırarak kızartın. Şarap veya şeri, şeker ve soya sosunu ekleyin ve tuz ve karabiberle tatlandırın. Et suyunu karıştırın, kaynatın, kapağını kapatın ve 3 dakika pişirin. Mısır unu ve suyu birleştirin, tavaya alın ve sos koyulaşıncaya kadar karıştırarak pişirin.

Çin kızarmış sığır eti

4 kişi için

45 ml / 3 yemek kaşığı fıstık yağı

900g / 2lb ayna bifteği

1 adet taze soğan (yeşil soğan), dilimlenmiş

1 diş sarımsak, kıyılmış

1 dilim zencefil kökü, doğranmış

60 ml / 4 yemek kaşığı soya sosu

30 ml / 2 yemek kaşığı pirinç şarabı veya sek şeri

5 ml / 1 çay kaşığı şeker

5 ml / 1 çay kaşığı tuz

bir tutam biber

750 ml / 1¬° nokta / 3 su bardağı kaynar su

Yağı ısıtın ve etin her tarafını hızla kızartın. Taze soğan, sarımsak, zencefil, soya sosu, şarap veya şeri, şeker, tuz ve karabiberi ekleyin. Karıştırırken kaynatın. Kaynar suyu ekleyin, tekrar kaynatın, karıştırın, ardından kapağını kapatın ve etler yumuşayana kadar yaklaşık 2 saat pişirin.

Fasulye filizli dana eti

4 kişi için

450 gr yağsız dana eti, dilimlenmiş

1 yumurta beyazı

30 ml / 2 yemek kaşığı fıstık yağı

15 ml / 1 yemek kaşığı mısır unu (mısır nişastası)

15 ml / 1 yemek kaşığı soya sosu

100 gr soya filizi

25 gr lahana turşusu, kıyılmış

1 kırmızı biber, doğranmış

2 adet taze soğan (arpacık), doğranmış

2 dilim zencefil kökü, doğranmış

tuz

5 ml / 1 çay kaşığı istiridye sosu

5 ml / 1 çay kaşığı susam yağı

Eti yumurta akı, yağın yarısı, mısır nişastası ve soya sosuyla karıştırıp 30 dakika dinlenmeye bırakın. Fasulye filizlerini kaynar suda yaklaşık 8 dakika neredeyse yumuşayana kadar haşlayın, ardından süzün. Kalan yağı ısıtın ve eti hafifçe kızarıncaya kadar kızartın, ardından tavadan çıkarın. Lahanayı, kırmızı biberi, zencefili, tuzu, istiridye sosunu ve susam yağını ekleyip 2 dakika karıştırarak kavurun. Fasulye filizlerini ekleyin ve 2 dakika karıştırarak kavurun. Eti tekrar tavaya alın ve iyice birleşip iyice ısınana kadar karıştırarak kızartın. Derhal servis yapın.

Brokolili biftek

4 kişi için

450 g / 1 lb biftek, ince dilimlenmiş

30 ml / 2 yemek kaşığı mısır unu (mısır nişastası)

15 ml / 1 yemek kaşığı pirinç şarabı veya sek şeri

15 ml / 1 yemek kaşığı soya sosu

30 ml / 2 yemek kaşığı fıstık yağı

5 ml / 1 çay kaşığı tuz

1 diş sarımsak, ezilmiş

225 gr brokoli çiçeği

150 ml / ¬° pt / cömert ¬Ω bardak et suyu

Biftekleri bir kaseye yerleştirin. 15ml / 1 yemek kaşığı mısır ununu şarap veya şeri ve soya sosuyla karıştırın, eti karıştırın ve 30 dakika marine etmeye bırakın. Yağı tuz ve sarımsakla ısıtın ve sarımsaklar hafifçe kızarana kadar kızartın. Biftek ve turşuyu ekleyin ve 4 dakika karıştırarak kızartın. Brokolileri ekleyip 3 dakika karıştırarak kavurun. Et suyunu ekleyin, kaynatın, kapağını kapatın ve brokoli yumuşayana ama yine de gevrek olana kadar 5 dakika pişirin. Geriye kalan mısır ununu bir miktar suyla karıştırıp sosun içine katın. Sos hafifleşip koyulaşana kadar karıştırarak pişirin.

Brokoli ile susamlı sığır eti

4 kişi için

150 gr yağsız dana eti, ince dilimlenmiş

2,5 ml / ¬Ω çay kaşığı istiridye sosu

5 ml / 1 çay kaşığı mısır unu (mısır nişastası)

5 ml / 1 çay kaşığı beyaz şarap sirkesi

60 ml / 4 yemek kaşığı fıstık yağı

100 g / 4 oz brokoli çiçeği

5 ml / 1 çay kaşığı balık sosu

2,5 ml / ¬Ω çay kaşığı soya sosu

250 ml / 8 fl oz / 1 su bardağı et suyu

30 ml / 2 yemek kaşığı susam

Eti istiridye sosu, 2,5 ml / ¬Ω çay kaşığı mısır unu, 2,5 ml / ¬Ω çay kaşığı şarap sirkesi ve 15 ml / 1 yemek kaşığı yağ ile 1 saat marine edin.

Bu arada 15 ml / 1 yemek kaşığı yağı ısıtın, brokoli, 2,5 ml / ¬Ω balık sosu, soya sosu ve kalan şarap sirkesini ekleyin ve üzerini kaynar suyla kapatın. Yaklaşık 10 dakika yumuşayana kadar pişirin.

Ayrı bir tavada 30ml/2 yemek kaşığı yağı ısıtın ve sığır etini iyice kapanana kadar kısa süre kızartın. Et suyunu, kalan mısır unu ve balık sosunu ekleyin, kaynatın, kapağını kapatın ve et yumuşayana kadar yaklaşık 10 dakika pişirin. Brokolileri süzüp sıcak servis tabağına dizin. Üstüne et koyun ve cömertçe susam serpin.

Izgara biftek

4 kişi için

450 gr yağsız biftek, dilimlenmiş

60 ml / 4 yemek kaşığı soya sosu

2 diş sarımsak, ezilmiş

5 ml / 1 çay kaşığı tuz

2,5 ml / ¬Ω çay kaşığı taze çekilmiş karabiber

10 ml / 2 çay kaşığı şeker

Tüm malzemeleri karıştırın ve 3 saat marine etmeye bırakın. Her tarafı yaklaşık 5 dakika boyunca sıcak bir ızgarada barbekü yapın veya ızgara yapın (ızgara).